그날부터

그날부터

송차식 두 번째 수필집

■ 책머리에

해맞이

갯바람에 불어 닥친 아침 공기가
성크름하여 된서리 같아라.

하늘에는 흰 점박이를 찍어 놓은 듯
털쌘구름으로 그림을 그리며
주위가 발그레 햇귀의 산고를 치른다.

서서히 해가 문을 여는 순간
샐녘 모습을 드러내며 눈이 부시도록
영롱하게 옥동자玉童子를 출현시킨다.

올 한 해 이루어야, 꼭 이루어야 할
벅찬 가슴으로 경건히 아침 해를 맞는다.

매사에 두루두루
감사드립니다.

2019년 초여름
송차식

■ 목 차

2부

고향

3부

한편은, 애잔한 이별이다

4부

불꽃 하늘로 치솟다

5부

추풍낙엽에 저도 날 생각는가

기행문

1부

개울물 소리

흙이 좋고 오솔길이 정감이 간다. 냇가에 흐르는 물이 좋고 지저귀는 새소리가 좋았다. 밭이랑에서 바라보면 멀리 반짝이는 참나무 잎사귀가 좋았다. 호미가 손에 집어지면 마음이 편해진다. 무엇이든 심으면 솟아나고 기르고 가꾸니 알뿌리는 굵고, 알차게 매달리는 열매채소는 조물주가 그렇게 만드는 것일까.

봄의 소리 흐르다

봄은 기지개를 켠다. 할 일도 많아지는 시기다. 휴일의 아침은 아무렇게나 이리저리 흩어져 있는 낙엽이나 부스러기들을 태우기에 알맞다. 뜨거운 불길에 얼굴이 쪼그라드는 느낌이다. 골동품이 된 라디오에서 흘러나오는 봄소식은 참 정겹다. 커피 한 잔 타서 마신다.

얼어서 부풀었던 땅에서도 봄의 씨앗은 움튼다. 얼음장 속에서도 맑은 냇물은 흘러내린다. 메마른 고로쇠나무, 가래나무 껍질에도 향긋한 수액은 흐른다. 시렸던 겨울날 지나고 애틋한 봄 소리 흐른다. 미지근한 나의 생활에도 다시 강물에 봄 서정 띄운다.

봄소식을 알리는 들판에는 매화꽃이 활짝 피었다. 논두렁 밭두렁에도 파릇한 봄기운이 서려 있다. 밭고랑에는 쪽파들이 이른 봄소식을 알려 미식가들의 입맛 맞추어 파랗게 올라온다. 추위에 얼었다 풀렸다 고생을 한 흔적이 아련하다. 지난 잎들이 까칠하게 말라서 바삭거린다. 그 사이를 뚫고 올라오는 새싹이 앙증스럽다.

군지 빈터에는 그동안 아무렇게나 어질러진 찔레꽃 가시나 낙엽들이 얽히고설킨 공터에 물길 만드는 포클레인 작업으로 주위가 매우 시끄럽다. 일찍부터 두 대가 와서 움직인다. 공터를 유용하게 쓰이는 땅으로 만든다.

새삼 농기구의 위력이 대단하다. 사람이 손수 할 수 없는 일들을 척척 해내는 해결사이다. 흙을 파고 고르는 기계인 트랙터와 관리기가 아주 큰일을 해내고 있다. 2~30cm의 속흙을 심토파쇄기를 이용하여 위아래로 바꾸어 놓는다. 아직은 겨울잠에서 깨어나지 못한 큰 개구리 몇 마리가 놀라 뛰쳐나온다. 나를 빤히 쳐다본다. 굵고 통통한 지렁이도 놀라서 이리저리 뒹군다. 아주 원망스러운 모습이다.

날씨가 좀 더 추워질 예보에 개구리들이 얼어 죽지나 않을까. 흙 한 삽을 떠서 묻어준다. 개구리나 지렁이가 많은 땅은 아주 유익한 땅이라고 한다. 내심은 예전에는 큰 개구리를 가져가서 약에 쓰기도 했는데 되뇌면서 운이 좋았던 개구리들이다.

길가에 있는 밭에도 깊은 흙 작업을 한다. 땅이 깊게 파일수록 큰 돌무더기가 있어 기계가 들어가지를 않는다. 전에 파 올린 돌들도 사람의 힘으로는 어림도 없다. 꼼작도 하지 않는다. 포클레인 작업 기사를 불러 깊게 묻힌 돌을 파낸다. 지난번보다 더 큰 방구돌이 나왔다. 포클레인의 힘으로 돌을 파고 걷어내니 일순간에 평평한 밭이 되었다.

관리기로 고른 밭이랑은 두툼하게 흙을 북돋운다. 재를 묻혀서 하루를 재웠던 감자 두 고랑을 심었다. 마늘의 영양분인 알리신 성분이 여섯 배가 많다는 삼채도 심고 초석잠도 심어 여름날의 장아찌와 진액은 자연식 조미료로 거듭날 것이다.

풀이 무성하게 깔린 언덕배기를 깔끔하게 끌어내려 태운다. 뿌리가 깊게 지천으로 깔린 잡초들을 뽑아 말렸다. 몇 가지 나무들을 심고 호박 구덩이도 몇 개 파 놓는다. 내려가는 언덕길에 꽃모종 12종을 사서 심는다. 꽃씨도 여러 종류를 뿌려 계절이 지나감이 아쉽지 않을 것 같다. 봄부터 가을까지는 멋진 꽃밭이 되지 않을까 기대해 본다.

어느 광부의 아내가 꽃과 화초들을 심어서 세계적인 가든을 만들었다는 일화가 생각이 난다. 캐나다 빅토리아섬의 부차드 가든(The Butchart Gardens)의 원조로서 4대째 이어오는 곳이다. 지금은 정부에서 관장한다. 세계적인 꽃과 식물의 집산지로서 관광객들의 추억이 되고 있다. 그렇게까지는 아닐지라도 조그마한 꽃밭으로 벌,

나비 떼들을 초청해 볼 것이다.

나는 도시에서 공부하고 살아왔다. 흙이 좋고 오솔길이 정감이 간다. 냇가에 흐르는 물이 좋고 지저귀는 새소리가 좋았다. 밭이랑에서 바라보면 멀리 반짝이는 참나무 잎사귀가 좋았다. 호미가 손에 집어지면 마음이 편해진다. 무엇이든 심으면 솟아나고 기르고 가꾸니 알뿌리는 굵고, 알차게 매달리는 열매채소는 조물주가 그렇게 만드는 것일까. 내 손이 조물주가 된 것 같다.

지난해 밭두렁에 끄적거리는 뿌리들을 뽑아 버렸는데 원망도 하지 않고 다시 봄을 찾아 고개를 든 쑥이 반갑기 그지없다. 대나무 소쿠리와 무쇠로 된 작은 칼을 들고 두렁마다 돋아난 쑥을 캐는 재미가 쏠쏠했다. 향내 나는 쑥국의 봄 미각으로 살아 있는 도다리 한 마리를 샀다. 본래부터 쑥과 도다리는 환상의 조화인가.

언젠가는 그곳에서 글도 쓰고 책도 읽고 생활 일부는 흙에서 마음을 불사르고 싶다. 흙은 거짓이 없다. 속임수나 사기를 치지 않는다.

봄의 선창에 여름이 오고 가을이 오고 겨울이 온다.

뿌리

뿌리라는 단어는 의미가 있다. 동서고금을 막론하고 가계의 뿌리에 대해서는 관심이 많다. 유래나 역사, 가족의 족보 또는 성씨에 이르기까지 뿌리의 내력은 깊다. 유래나 역사의 뿌리는 연구하는 사람들의 몫으로 대부분이 분리되어 있다.

사람들은 살아가면서 자기들의 밑바탕이 얼마나 소중한 줄을 안다. 태어나 죽을 때까지 행하면서 살아야 하는 일들이 무수히 많기 때문이다. 유아기 때가 되면 벌써 성격 형성이 이루어진다. 점점 자라면서 자기의 뿌리가 될 수 있는 한계를 키워 간다.

사람들의 됨됨이를 이르러 식물을 비유해 떡잎부터 알 수 있다고 한다. 떡잎이 튼튼하고 푸르러야 식물이 잘 자라고 좋은 열매가 맺히기 때문이다. 사람 또한 어릴 때의 인간성이 성인이 되어가면서 좋은 인성으로 살아가기 때문이다.

한 가정에서 족보 문제로 종갓집을 찾은 분을 보았다. 그 가족은 전쟁 시 이북에서 넘어온 터라 집안의 족보가 무언지도 모르고 혈혈단신으로 몇 자식들만 지니고 수십 년을 살아왔다.

어느 종가에다 자기 성씨의 뿌리를 내려 주십사고 하였다. 이후로 그분들은 뿌리에 대한 설 자리를 찾게 된 것이다. 가정의 뿌리를 찾아 집안의 길흉사에도 참가했다. 족보 정리도 했다. 그런데 다음 세대의 자식들은 뿌리에 대한 관심이 적어 족보의 이음이 줄어가는 것을 볼 수 있어 안타까웠다.

옛날 성인들보다 현시대의 사람들은 성씨나 족보에 대한 관심이 적어지고 뿌리에 대한 유래도 흩어지고 있다. 언제부터인가 여성이 재가하게 되면 아이들의 성씨는 재혼한 남편을 따라서 바뀌고 여성이 가구주가 되면 여성의 성씨를 따라가는 예들도 가끔은 볼 수가 있다. 가정의 뿌리는 지키는 사람들의 몫이 아닐까 싶다. 누구나 그렇게 한다면 사회는 정말 어지럽고 번거로울 것이다. 환경과 개인의 관점에서만 될 수 있는 것이다.

가정의 근본 뿌리와 식물이 튼튼하고 흔들림 없이 깊숙이 잘 내려진 뿌리와는 비례 관계인 것 같다. 뿌리는 땅속으로 뻗어가면서 새싹이 나고 번식한다. 한 집안의 자손이 뻗어가는 것과도 유사하다. 나무뿌리가 뻗어 나가는 것은 새로운 한 가정의 중심을 가지게 되는 것이다.

뿌리가 튼튼해야 영양분도 흡수를 잘한다. 비바람이 닥쳐도 넘어지지 않을 것이다. 잘 자라서 무성하게 태양을 향해 오르는 모습들이 미래를 향해 세계로 뻗어가는 꿈나무들인 아이들의 형상과도 흡사하다.

근본이란 하루아침에 이루어지는 것은 아니다. 무수히 노력하고 싸워야만 이루어질 수 있는 완고한 성이 될 것이다. 어떤 때는 힘겨울 때도 있을 것이고 푹신한 감촉을 느끼는 너그러울 때도 있을 것이다. 어울려가면서 쌓아가는 것이 근본의 밑바탕이 된다.

말이나 대화에서도 뿌리가 있다. 아무렇게나 하고 싶은 대로 하는 것이 말의 근본은 아니다. 상대방의 마음을 헤아리면서 너그러움을 보내는 말의 밑바탕이 대화의 근본인 것 같다. 표준말을 쓰는 사람들의 말씨는 대화에 힘을 싣기가 좀 더 쉬울 것 같다. 지방마다 억양 높은 말씨도 나름대로는 격식을 가지고는 있다.

다년간 사투리에 젖어 있는 우리의 지역적인 사람들은 쉽사리 표준말로 변화한다는 것은 쉽지는 않다. 정도나 장소에 따라서는 표준말로 하는 것도 우리 정서에 어울리는 뿌리로 내려갈 것이다.

말과 대화의 뿌리는 음성의 표현이지만 내적인 감정으로 둘 사이는 미묘한 차이를 보인다. 말이란 대상이 없어도 혼자서도 할 수 있지만, 대화란 누군가의 상대가 있어야 가능한 것이다. 대화의 힘이란 대상과의 교감이며 부드러우면서도 강하다. 대화 속엔 정감이 흐른다.

대화하다 보면 딱딱하여 곧추 세우는 말은 직선의 이미지를 연상케 한다. 완충지대 같은 말 속에서는 편안함을 주는 곡선의 이미지에 비유를 해 본다. "말 한마디에 천 냥 빚을 갚는다는 말"도 있다. 말을 잘못하여 인생의 길이 달라지는 경우도 가끔은 있다.

살아오면서 자신은 얼마만큼의 직설적으로 대화를 하였는지 또는 곡선적으로 대화를 하였는지 뉘우침과 반성을 해 보는 것도 뿌리의 일방통행이다.

돌담 쌓은 풍경

3월부터 시작한 농장에 공사하기로 한다. 긴 세월 동안 돌의 무덤으로 눌러져 있던 한전이 정상적인 주인을 만난 것이다. 농작물을 다 거둔 엄동설한에 포클레인 기사를 불러 5일을 대대적인 공사를 한다. 햇볕이 쬐는 낮에는 겨울이지만 포근함을 느낀다. 해가 기울기 시작하면 대나무밭에서 올라오는 찬 공기로 냉기는 차가웠다.

농막에 담가 둔 김장김치가 살얼음이 얼었다. 포클레인 기사는 식당에서 해 주는 밥은 자주 먹어서 신물이 난다고 굳이 김장김치의 식사를 고집한다. 번거롭기는 하지만 조금만 수고하면 맛난 식사가 될 것 같다. 삼겹살을 준비하고 시금치나물도 무쳤다. 기사가 아주 완벽히 흡족해한다.

예부터 내려오던 밭에서는 포클레인으로 땅을 파니 많은 돌이 나왔다. 사람이 살았던 흔적도 있었다. 사금파리도 나오고 옹기 깨어진 조각들도 나왔다. 아마 백 년은 넘은 것 같다. 사람의 힘으로는 수많은 인부가 필요할 것 같지만 기계의 힘으로는 순식간에 정돈이 되어 평평한 밭으로 변했다.

밭의 중간에 터줏대감같이 차지하고 있는 반구 돌은 포클레인의 힘으로 뽑아내었다. 돌이 아주 컸다. 평소에 비만 오면 밭의 정기를 다 쓸어가는 밭도 평평하게 고르고 돌을 이용한 돌담도 쌓았다. 고르고 보니 아주 넓고 큰 밭이 되었다. 트랙터가 지나다닐 수 있는 길도 생겼다. 땅의 원기도 주인을 잘 만나야 하는 것 같다.

포클레인이 큰 돌을 날라서 돌담을 안착하고 남편이 아주 기술자답게 돌담을 잘 쌓았다. 부전자전父傳子傳이라더니 예전에 시아버님이 동네에서 담 쌓는 일에 능숙한 기술자로 인정받았다고 한다. 처음이지만 멋지게 쌓은 솜씨가 제법이다. 남편의 신념이 아주 대단하다. 본인이 해야 하는 일에는 신명을 다 바쳐서 일한다. 나는 몇 번 추워서 떨고 나니 갈 엄두가 나지 않았다. 중늙은이 얼어 죽을 것 같다는 말을 인용하면서 따라나서지 않았다. 주말만 되면 혼자서 점심거리만 챙겨주면 맛나게 식사까지 해결하고 일을 하고 온다. 남편은 일을 즐기는 것 같다. 그렇게 일을 하고 나면 몸도 개운하고 기분이 정말 좋다고 한다.

앞으로 고령화 시대, 고령사회가 되면 우리의 노후 대책도 시급한 상황이 아닐 수는 없다. 남편은 하는 일을 못 할 경우를 대비해서 서서히 노후의 놀이터로 만들겠다고 각오가 대단하다. 밭의 일에 익숙지도 못하고 따라가기만 하는데도 자라나는 푸성귀들을 대하면 힘들 때가 많다.

몇십 년을 내버려 둔 주위가 깔끔하게 치워졌다. 겨울이라 불 지르는 것도 조심스러웠다. 불똥이 튀는 날에는 산불이 날 수도 있기 때문이다. 하루는 비가 부슬부슬 내리고 태산 같은 대나무 뭉치와 나무들을 태우기 시작했다. 들판의 온 하늘이 뭉게구름으로 뒤덮였다. 2시간을 넘게 태웠던 것 같다.

아래 녹수계곡 식당에 놀러 온 손님들이 신고하였다. 연기가 멈추지를 않으니 산불이 난 줄 알고 소방차가 올라왔다. 처음에는 우리가 아닌 줄 알았다. 눈치 빠른 둘째 시누님이 빨리 몸을 피하라고 했다. 시내에 사는 우리에겐 벌이 내릴 것이고 지역주민인 누님은 사정을 말할 수가 있었다. 소방서 직원이 올라왔다. 지역 개발위원장을 맡은 누님은 사정을 얘기하고 다음부터는 하지 않겠다고 사과를 했다. 우리는 멀찌감치 농막에서 지켜보았고 소방서 직원들은 돌아갔다. 주위는 깔끔하게 치워졌지만, 공무를 보는 분들에게는 죄송했다.

농사를 중심으로 하기 위해 귀농을 하는 도회지 사람도 있다. 남편은 귀농은 아니다. 하는 사업체도 바쁘지만, 틈틈이 할 것이라고 시작을 한 것이 큰 구상으로 되었다. 몇 년 있다 거기에다 푸른 초원 위에 아담한 통나무집도 하나 짓겠다고 한다. 지하수도 파고 할 일이 많을 것 같다. 나의 꿈은 책도 보고 글도 쓸 수 있는 자그마한 방 하나라면 족할 것 같다.

후로는 고라니들이 뭘 먹고 살까 궁금하기도 했다. 까치나 비둘기들도 시금치를 뜯어 먹다가 나무에 날아오르며 주인의 눈치만 살핀다. 그냥 두면 어떨까 하는 마음도 없지는 않았다. 애써 물을 주고 잡초도 뽑은 공功이 생각나서 덮어 놓을 수밖에 없었다.

시간이 흘러갈수록 푸름이 내 맘속으로 가까이 오고 흙을 파고 보니 앙증스럽게 쑥이 새싹 틔울 준비를 하고 있다. 계절의 흐름이 '게 눈 감추듯' 지나는 듯하다. 시간은 흘러도 변함없이 차곡차곡 쌓아 놓은 돌담 사이로 푸성귀를 키우는 데 정성을 아끼지 않을 것이다.

개울물 소리

봄소식을 알려준다. 한동안 가물었던 대지가 촉촉이 적셔지고 움츠렸던 생물들이 고개를 든다. 겨우내 피라미 새끼 한 마리 얼씬도 하지 않던 계곡에는 무언가 활동을 하고 기지개 켜는 움직임이 보인다. 개울가의 모서리들에서 파릇파릇 이름 모를 잡초들이 살포시 고개를 드러내 보인다.

밤새 봄비라고는 제법 거나하게 내렸나 보다. 개울물이 쏴~쏴~ 하면서 요란스레 거품을 내뿜으면서 퍼져나간다. 새들의 울음소리 또한 생기발랄하게 들려온다. 여름에 많은 비가 오면 금세 황토물이 수없이 내려가는 것에 비해 맑고 비단처럼 보드라운 물결이다. 유난히 햇살에 물이 반짝이기도 한다.

조금은 아쉽다 싶은 물통이 하나 있다. 봄 맞을 준비로 농장에 물만 받아 놓으면 바늘 같은 틈새라도 물은 뜬구름같이 새어나가 버린다. 언제 물탱크를 바꾸나 봄이 오기만을 기다린다.

남편이 방학이 되어 일시 귀국한 아들을 데리고 공사를 한다. 돌멩이로 둘레를 쌓고 시멘트로 공구를 치고 한참 동안 진땀을 흘리고 나서는 미리 사놓은 2톤짜리 물탱크를 올린다. 물탱크는 푸른 옷을 입고 평온하게 자리를 잡는다. 마침 개울의 물이 힘차게 내려가고 있다. 모터에 기름을 치고 큰 호스를 사용하여 물을 퍼 올린다. 개울물은 흙 하나 없이 돌들과 비비면서 맑게 흐른다. 물은 큰 날개가 돋친 듯 순식간에 2톤 탱크를 배불뚝이로 만들었다. 부자가 된 기분이다.

계곡으로 내려가는 길이 급경사로 내리막길이다. 오르내리기가 다리도 아프고 여간 불편한 것이 아니었다. 바쿠스에 물이라도 올려야 할 때는 더욱 힘이 들었다. 부자지간이 합심해서 곡괭이와 삽으로 돌을 쌓고 흙을 골라서 비스듬히 완만하게 드나들 수 있도록 길을 하나 만들었다.

금방 쓰임이 있다. 지천에 널려 있는 냉이를 한가득 캐었다. 소쿠리에 담은 냉이를 개울물에서 씻고는 완만한 길을 따라 오르니 너무나 수월하게 올라올 수가 있었다. 잠깐 머리 돌리면 편리한 것을 왜 여태 그걸 몰랐을까. 무지였다.

한가득 캔 냉이는 현지에서 준비한 재료들과 된장찌개도 하고 파에다 듬성듬성 썰어 넣고 부침개도 한다. 천하일색의 맛있는 파전이 되었다. 대형 파라솔을 펼치고 자리한 자연과의 조화이다.

계절의 흐름이 정말 빠른 것 같다. 작년에는 살구나무에 단 한 개의 살구가 열렸다. 수확할 때는 큰 소쿠리로 따야 한다고 한다. 그래야 해마다 해거름 하지 않고 많이 열린다고 어른들이 일러 주었다. 그런데 그것도 성과 없이 익기도 전에 떨어져 버렸다. 올해는 꽃이 얼마나 많이 달렸는지 쳐다보기만 해도 살구의 풍성함이 기대된다.

청홍 매실도 다투어 요란스럽게 꽃으로 치장하더니 이내 조그마한 열매로 탈바꿈을 한다. 유달리 달아서 맛이 좋았던 무화과나무와 오디는 잎이 나기 전에 해충 방지약을 뿌려 주어야 한다. 잎이 나기 전에 방지약을 쳐야 오디 열매가 열렸을 때 하얗게 되는 병충해를 막을 수 있다고 전문적으로 오디를 경영하는 사장님이 일러주어 방책을 한 셈이다.

오후에 깊숙한 자연을 찾아 언양 산내의 집으로 원정 가기로 한다. 아직은 모든 것이 겨울잠에서 깨어나지 못한 산그늘 아래 모든 것이 꾹 입을 다물고 있다. 머지않아 벚꽃으로 하얗게 이불을 뒤집어쓴 듯한 산자락이며 온 동네의 담벼락에는 영산홍으로 물결칠 걸 생각하니 벌써 만연의 웃음으로 가득 찬다.

가련하게 집 지킴이로 눌러앉은 정자에 오르니 모기 눈물만큼이나 찔끔거리고 흘러내리던 계곡이다. 어느새 제법 물소리가 음률이 되어 각양각색의 소리로 변신을 한다. 나뭇가지에는 아직은 움이 틀까 말까 준비단계인 것 같다. 집안 옆쪽에 대형 바위는 지질학자에 의하면 수십만 년 전에 사람이 살았던 흔적이 보인다고 했다. 여름이면 바위 위로 너울져 있는 쪽 동백나무의 넓은 잎사귀는 매미들이 울어대며 여름을 재촉할 것 같다. 미리부터 더워짐을 느낀다.

먼 날을 위하여 대봉감나무 두 그루를 심는다. 한 그루는 집으로 들어가는 계단 공터에 심어서 계단을 오르며 집에 들어가는 즐거움을 만들고 있다. 또 한 그루는 추위를 이기지 못해 얼어 버렸다. 5월이 되면 하얗게 꽃이 피어 빨간 열매를 맺는 탐스러운 보리수나무가 어우러지는 풍성함으로 집 전체의 미관을 살리고 있다.

여름만 되면 냇가에 큰비로 흙탕물이 되어 내려오는 물 때문에 아래에 사는 분들이 울산시청에 진정서를 제출하여 대대적인 공사를 하게 되었다. 무성하게 둘러싸인 나무들을 잘라내고 냇가 전체를 튼튼한 제방 공사로 돌담을 쌓았다.

우선은 전과는 다른 환경에 적응되지 않아 미관이 거슬릴 때가 있다. 하지만 이내 숲이 지고 나무들이 자라게 되면서 주위에 유실나무를 몇 그루 심어서 변화를 만들 것이다. 큰비가 와도 걱정이 되지 않는 아랫집 주인들의 마음이 편하다는 것에 만족할 수밖에 없다.

냇가 정비를 하고부터는 개울물 소리는 유달리 청아한 느낌이 들어 자주 정자 위에 올라 바라봄을 즐긴다.

밥상

생명이 있는 의식을 갖추고 살아가는 것은 인간만이 할 수 있다. 간단하게 먹을 것도 격식을 갖추어서 먹는다. 밥상을 차릴 때도 분위기에 맞게 차린다. 때와 장소에 따라서 다르게 차리기도 한다. 특별한 날에는 더욱더 격식을 갖춘다.

맛있는 산해진미이라야 좋은 밥상이 되는 것은 아니다. 엄마의 손끝에서 만들어지는 요리에서 포근한 밥상을 느낄 수 있다. 그것에서 정감을 받으면서 살아왔다. 엄마는 바쁘게 일만 하는 것으로 알았다. 그래서 바쁘게 만들어 주는 손맛이 더 따뜻했는지도 모른다. 엄마의 밥상은 자연을 닮았다. 건강한 삶을 위한 자연식이다. 행복하고 안락한 삶을 지향하는 음식들이 나돌고 있지만, 그것과는 차이가 난다. 내가 엄마가 되니 내 엄마처럼 바쁘기만 한 것은 내 아이들이 엄마를 바라보는 이치와 똑같은 것이다.

밥상의 종류에도 여러 갈래의 것들이 있다. 호화롭게 차려진 레스토랑이 있는가 하며 텃밭이 주는 싱싱한 자연의 밥상, 입맛을 살려주는 초간장의 밑반찬, 묵직한 마음을 가볍게 만들어주는 밥상, 비빔밥의 진가는 입맛을 돋우는 데 한몫을 한다.

차려 놓은 밥상 앞에서는 음식 타박을 하지 말라는 옛 어른들의 말씀에 노동의 진가가 무엇인가를 알게 한다. 직접 음식으로 만들어지는 재료들을 키워 봄으로써 깨달음이 많았다. 나는 음식을 가리지 않는다. 육식이든 채식이든 가리는 것은 별로 없다. 밥맛이 없으면 입맛으로라도 먹으라고 했다. 땀 흘리고 일을 하고 난 뒤의 밥은 꿀맛에 비길까.

연륜만큼이나 맛에 대한 감각이 무뎌지는가 싶다. 맛있는 것 없느냐고 물으면 맛있는 것 아무것도 없다는 어른들의 상용되는 말이다. 젊음이 입맛과는 비례되는가 보다.

때가 되면 밥상 앞에 앉는 것이 본능적으로 살기 위한 수단이다. 밥상은 꼭 식탁이나 상에서 먹는 것만이 수단은 아닌 것 같다. 건강원에서 여생餘生을 보내는 친정어머니의 밥상은 오직 휠체어의 나무판자 하나이다. 나무판자 하나면 하루 세끼의 밥상이 된다. 좋은 것도 아름다운 것도 모르는 노환의 인생 누구나 다가가고 있음이라~ 가까이에서 멀리까지.

오랜만에 건강원을 찾았다. 건강원의 구 건물을 재건하느라 좀 더 공기가 좋고 아득한 신축 건물로 이사를 했다. 조금은 생소한 분위기였다. 이젠 여식의 얼굴도 아련한지 자꾸만 뚫어지라 쳐다본다. 안내원들이 누구냐고 질문을 던지고 기억이 살아나게 부추긴다. 그때야 이빨 없는 입가에서 미소를 띠며 여식의 이름을 부르며 "아! 왔나?" 한다.

기쁨도 사랑도 못 느끼지만, 여식이 흰머리 되어도 엄마라고 부를 수 있는 부모이기에 오래 사시라 하고 생기를 북돋아 주었다. 입맛은 여전한지 모든 것을 잘 잡수신다고 한다. 여러 가지 입맛에 맞은 음식들을 가져가 권하니 잘 드신다.

좀 더 많은 시간을 할애하기 위해 휠체어를 끌고 건강원 앞뜰에 나갔다. 앞뜰에는 기온이 낮은 탓인지 벌써 단풍들로 울긋불긋 좋을 것도 같은데 별 감정도 없다. 벌써 벌판에 노랗게 깔린 벼들을 보고 지난날이 떠오를까 봐 호들갑을 떨었다. "나락이 익었네." 한마디만 하고 맥없이 눈을 감는다.

오랜만에 햇빛을 봤는지 눈이 부시다고 온갖 인상을 그림으로 만든다. 파라솔을 펼치니 멋진 어가가 되었다. 건강원에 종사하는 상사가 지나다 "어르신 멋진 어가입니다." 하고 웃고 가신다. 장면을 사진 찍어 5형제에게 보낸다. 어머니의 모습에 달려오고 싶은 심정이야 많지만, 사정들이 여의치 않는다고 답장들이 왔다.

대학 과제물로 ≪누가 우리의 밥상을 지배하는가≫ 브루스터 닌(Brewster Kneen)의 책을 읽고 많은 것을 느끼고 염려되는 것이 적지 않았다. 개인이 큰 회사를 운영하는 '카길'이라는 회사가 세계의 시장 점령 방식으로 운영을 한다. 미래에 우리나라의 밥상에도 관련이 된다는 것에 공감을 가진다. 우리나라도 전문성과 기술을 대처해야 한다는 것을 알 수 있었다.

식량 위기로부터 먹을거리 지배의 지배자에게서 벗어나 우리 국민이 먹을거리를 안정적으로 확보하는 데 필요하다면 시장 논리에 어긋나더라도 정책이나 제도를 시행할 수 있는 것이라고 하였다.

한국의 밥상을 그들이 지배하도록 놔두어서는 안 될 것이다. 먹을거리의 안정성을 확보하기 위해서는 수입되는 식품에 대한 검사와 검역이 현행보다 더 강화되어야겠다. 우리의 먹을거리를, 우리의 밥상을, 우리의 생명줄을 우리 스스로 보호하고 챙기는 일이 아쉽다.

염원하는 빗방울

유독 부산 지방에는 비껴가는 비 소식이다. 연일 불볕으로 건물들이 달구어져 있다. 집안 공기가 푹 삶는 느낌이다. 이사 온 지 10년이 넘었지만 처음 겪는 일이다. 저녁에만 에어컨으로 잠을 잘 수가 있다. 낮에 혼자 있으면서 에어컨이 웬 말인가. 선풍기 바람으로 견뎌 보지만 헛수고였다.

조금만 움직여도 구슬 같은 땀방울이 흘러내린다. 뒷일은 아랑곳하지 않고 집안의 열기를 낮추어야 살 것 같다. 방책이라야 뭐가 있겠는가. 종일 에어컨으로 날들을 쌓아간다. 다음 달에 청구될 전기세가 눈앞에서 어른거린다. 갓 이사 왔을 때 생각이 났다. 전기세 청구가 육십만 원이라니 웬 떡인가 싶었다.

그 당시는 전기세에 대한 예측도 없었다. 전구들이 전기를 많이 소비되는 것들로 끼워져 있었다. 아끼는 것만은 능사가 아니었다. 몇 년이 지나 집안의 전구는 모두 LED로 교체한다. 일 년쯤 지나니 LED로 교체한 금액이 돌아오는 것 같았다.

8월이 지나니 부산지방에도 비 소식이 전해진다. 반가움에 내리는 비를 손바닥으로 받아 보기도 한다. 학수고대하던 비가 아니던가. 빗방울의 촉감이 부드러움을 느낀다. 심한 가뭄으로 천지가 오그라지는 것 같다. 반면 타지방에서는 홍수가 나서 안타까운 소식도 있었다. 그러고 보니 우리나라도 꽤 넓은 나라인 것 같다.

비가 내리니 먼저 거리의 생물들이 생명의 목젖을 축일 것이다. 물기가 없어 갈색으로 말라가는 잎들이 생기를 찾으면서 싱그러운 초록빛을 발산하겠지. 농작물이 말라 가는 것을 보고도 대책 없었던 농부들의 성난 마음이 좀 누그러지지 않을까.

여름 휴가철이 되면 연례행사로 가는 곳, 언양 통나무집에서도 비가 오지 않아 물 때문에 격한 언쟁들이 있다고 한다. 마당에 잘 가꾸어 놓은 잔디들이 물을 찾고 있다. 수채 돌돌 말려서 틀어지고 있지 않은가. 한차례 호수로 물을 주고 왔다.

어느 사장님이 좋은 집을 지어 놓고 값진 나무들로 화단을 꾸몄다. 말라가는 나무를 보호하느라고 물을 아낌없이 쓰고는 지하수

탱크가 비어 가는 것을 모르고 있었다. 그렇게 하고는 주말에 도시로 볼일 보러 가곤 했다. 주말이 되면 수십 명의 사람이 휴양지를 찾아 들어왔다. 물 부족으로 난리를 겪는다. 그러고 계곡에 흐르는 물마저도 두꺼운 호수를 연결하여 쓰는 바람에 파렴치한 사람으로 낙인이 찍혀 안쓰러운 사람도 있었다.

광복절을 맞아 가족이 다시 언양의 집을 찾았다. 간간이 쏟아지는 빗줄기에 마른 잔디 줄기에서 다시 파릇파릇 새싹들이 올라와 제법 왕성했다. 대가 오르기 전에 잔디들의 이발을 한다. 돌돌 말려 가는 나무들도 제법 푸르게 뽐을 낸다. 예년 같으면 싱그러운 나무 둥치에서 요란스럽게 울어대던 매미 소리도 들리지 않았다. 하지만 푸른 잎과 더불어 내 마음속에서 이미 매미 소리는 들려오고 있다. 비는 자연의 조화가 무너지는 찰나에 만인이 원하는 고마움이다.

몇 포기의 고추를 심었다. 가뭄에 용케도 살아서 제법 고추가 탐스럽게 열렸다. 밭 모서리에는 부추도 싱싱하고 넓적하게 벌어져서 주인을 기다리는 듯하다. 벌써 꽃대도 올라와 몽우리가 진 것도 있다. 부추 한 소쿠리 캐고 배초향(방아)도 보란 듯이 웃고 있다. 내친 김에 부침을 해볼까 한다. 싱싱한 부추에 탱탱한 풋고추와 방아를 장만했으니 냉장고 채소 칸에 든 양파랑 속이 노란 연분홍빛 감자도 썰어 놓으니 제법 큰 양재기에 가득하다.

밖에서는 잔디 자르기에 여념이 없고 나는 프라이팬 두 개로 부침을 부치기 시작한다. 송 셰프의 실력이 발휘되었다. 알맞은 반죽에 프라이팬 묘기도 하면서 부침 열댓 판이나 부쳤다. 날씨 흐려 부슬부슬 비 내리는 날은 여러 가지 남은 채소들을 썰어 넣고 알싸하게 구운 부침이 산해진미가 따로 없다.

주위는 또 한 차례 소낙비라도 내릴 것인지 묵직하게 내려앉는다. 그곳 농작물은 싱그러워지고, 볏논에는 꽃대가 피어있다. 사과나무에는 탐스러운 사과들이 주렁주렁 열렸다. 어제오늘의 일은 아니지만, 계절의 변화가 아름답다고 여겨진다.

근처에 가지산 온천이 있어 탄산수라 한다. 관절염이나 각종 염증에 특효가 있다 하여 가족이 온천을 가기로 한다. 온천에서 2시간이 지나 식사를 하려고 근처 꿩 요리 맛집을 찾는다. 꿩육회랑 꿩샤브샤브, 꿩튀김, 꿩탕이 담백하면서 시원한 요리였다. 꿩 요리에 반한 남편은 일선에서 물러나면 꺼병이 사육을 해 볼 것이라고 벌써 계획으로 머릿속이 복잡하다.

소리 없이 내리는 빗줄기에 유용한 하루였다.

열무

열무김치가 더운 여름 나기의 음식인 줄은 요즈음에 와서야 알았다. 길을 가다 보면 콩밭에 듬성듬성 잎이 웃자라 있는 채소, 그게 야들야들한 열무라는 것이다.

냉장고가 없을 때 여름이 되면 우물에 담가 놓고 때가 되면 줄을 끌어 올려 김치를 낸다. 밥상이 들어가면 아버지는 먼저 첫술에 자작한 열무김치로 입맛을 돋우고 밥술을 뜨시는 것을 본 것 같다. 그게 열무김치의 진가였다. 열무김치에 된장찌개를 넣고 쓱쓱 비벼서 온 형제들이 다퉈 먹었던 기억이 새삼스럽다. 열무김치는 보리

밥에서 더 소박한 맛이 우러나는 것 같다. 그 잎은 조금 누리끼리한 것도 소금이 들어가면 새파랗게 되는 것이 신기하기도 하다.

주말농장이 있어 흙을 만지니 기쁨이 있다. 여러 가지 농작물을 키우는 재미가 쏠쏠하기도 하다. 올여름에는 유독 비가 내리지 않아 열무나 상추가 자라지를 못했다. 열무 씨앗을 뿌리기는 했었다. 자라는 속도가 먹을 수 있는 채소를 만들기는 역부족이었다. 떡잎이 두 개씩 나고 본잎이 나기 시작하니 알 수 없는 하루살이의 농간이 열무들의 생을 해치기 시작한다. 땅은 불볕으로 이글거린다. 미끈한 잎들은 보려야 볼 수도 없다. 그런다고 약을 칠 수는 더더욱 없다.

좀 더 자라서 저녁에만 설치는 하루살이에게 빼앗길 수 없어 몽땅 다 뽑아 와서 가리니 큰 소쿠리에 가득 되었다. 열무라기보다는 뻣뻣한 무 잎 나부랭이 같다. 그래도 정성이 아까워서 소금에 살짝 절여 놓았다. 물을 자주 주지 못한 데다 야들야들하지 않지만, 김칫거리가 제법 맛나게 보였다. 채소는 상인들의 손에 들어가면 어쩔 수 없이 물을 흠뻑 먹일 수밖에 없다. 물 먹인 채소는 아무래도 원산지의 것보다는 맛이 떨어지지 않을까.

우선 국물을 만드는 과정을 펼쳐본다. 물에다 소금을 탄다. 까나리 액젓도 한 국자 넣는다. 삼채 진액도 반 국자 정도 넣고 마늘은 채로 걸러 한 소끔 끓인다. 끓어오르면 생 찹쌀가루와 유기농 밀가루를 섞어 풀어서 끓는 물에 부으면서 젓는다. 건더기를 장만할 때까지 물은 식혀 둔다.

절여둔 열무를 건져서 물기를 뺀다. 양파랑 붉은 고추와 푸른 고추는 어슷썰기로 썰어서 가지런히 담아둔다. 마지막으로 김치통에 다 절인 열무 한 켜, 양파랑 붉고 푸른 고추와 마늘을 한 켜씩 얹는다. 반복해서 그렇게 한 켜씩 얹어서 먼저 끓인 국물을 부으면 맛있는 열무김치가 된다. 다음 날 아침이면 천하 일미의 반찬으로 변신을 한다. 나만의 방식이 된 열무김치의 내력이 될 것 같다.

잘 자라는 열무는 생명이 열흘이면 끝인가 싶다. 근처에 둘째 시누님이 있어 이번에 아주 싱그러운 열무를 받아왔다. 시누님은 밭에 지하수가 있어 더운 날에도 하루도 쉬지 않고 물을 주고 정성을 들이더니 아주 상품이 되는 열무로 키웠다. 큰 대야에 가득하였다. 그날이 경기도 하계세미나 다녀오는 날이다. 피곤하여 금방이라도 눈 붙이고 싶은 맘이야 꿀떡 같다. 가족이 합심하여 다듬어 준다.

열무라는 것이 성질이 얼마나 급한 것인지 공기와 만나면 금방 시들해지는 저만의 살아가는 방식이 있음 직하다. 하루를 넘기다가는 시들해져서 진맛을 못 낼 것 같아 피곤을 무릅쓰고 담그기로 한다. 아침이 되니 식탁이 즐거운 모양이다. 식감도 좋았지만, 식탐도 아주 좋다. 이 열무김치가 세상에서 제일 맛있는 음식이라고 절절히 되뇐다.

몇 날을 열무김치비빔밥이 물리지도 않는지 날마다 큰 그릇에 뚝딱, 단백질 보충에 달걀 하나 구워 얹으면 더할 날이 없다. 원래

식탐이 좋은 사람으로 외지 음식에 젖어 있던 아들도 배워가며 닮아간다.

무란 놈의 일생은 또 어떠한가. 자식을 키우는 부모와도 흡사한지도 모른다. 무는 이기주의일지도 모른다. 남의 자양분을 자신의 것인 양 무엇이든 감만 있으면 잘 스며들고 생선의 진미를 알게 해준다. 자라는 무의 일생을 살펴보면 밭 가장자리에 두둑하게 자리를 차지하고 푸른 청을 휘날리며 자신의 굵기를 뽐내고 있지 않은가. 부모가 어디를 가도 자식에 대해 사랑처럼 진가를 불어넣어 주는 것이 무란 닮은 느낌이 많다.

무는 뿌리만 소중한 것이 아니다. 가을만 되면 항간에 떠도는 무잎의 영양소인 비타민과 미네랄 영양분이 최고라는 것이다. 너도나도 산간벽지 고랭지 말린 무잎을 사느라고 법석을 부린다. 무에도 여러 가지 종류가 있다. 알뜰하게 뿌리만 골라서 겨울 동김치를 담는 경우가 있는가 하면, 뿌리는 버리고 잎만 잘라서 소금에 절여 두었다가 한참을 지나 불에 푹 삶아 내면 영양가 많은 시래기 거리로 일품이 된다. 열무와 무는 한 계통의 종류일까 닮은 점이 많아 여름철의 보양식이다.

예전에 혼인할 때 복숭아집과 무집 여식 중에 누구를 선택하겠는가 하는 말이 있다. 복숭아를 많이 먹으면 피부는 고와지지만, 속병을 많이 앓는다는 설과 무를 많이 먹으면 속병이 없어진다는 설이 있어 무집의 여식이 먼저 혼인이 성사된다는 얘기를 들은 적이 있다. 그러고 보면 무가 만병통치약의 근원인 것에 일리가 있는 것 같다.

정情

냉동고에 든 멸치를 꺼내어 다듬는다. 방학을 맞이하여 귀국한 큰아들의 밑반찬으로 보낼까 하여 준비를 한다. 3주가량을 함께 보내면서 그것도 1주일은 강원도 평창에서 보내고 왔다. 다시 미국으로 출국을 해야 하는 날짜가 다가오면 혼자 벌써 마음이 바쁘고 허공을 바라보는 일이 많아진다. 얼마나 많은 세월이 흘러야 함께하는 단어가 내게로 다가올 것인가.

출국한 지 한 달이 되어 입대를 한 작은아들도 군에 간 지 6개월이 지나 휴가를 왔다. 휴가도 마음대로 되지 않는가 보다. 나라의 비상시국에 맞닿아 매번 미루어진 것 같다. 와서 반갑고 떠나면 더 반갑다는 말도 있지만 언제나 허전함을 느낀다. 세월이 흐를수록 곁에는 가까운 혈육의 안위가 그리워진다.

여행용 가방을 풀고 싸고 한 것이 10년째가 된다. 가득 채워서 온 향수의 가방은 풀어놓고 다시 또 엄마 품의 따뜻한 마음의 정情한 가방 담고 출국을 한다. 아이들의 모습은 서서히 변해가고 체격이 커서 돌아올 때는 뿌듯하고 대견하기도 하다. 소속감이 있다면 부모 멀리하고 떠나는 마음이야 같지 않을까 싶다.

멸치뿐만 아니라 나물류 반찬을 좋아하는 큰아들이 이번에는 밑반찬 하나도 가져가지 않겠다고 한다. 오래 앉아 있고 저녁을 늦게 먹는 경우가 많고 운동량이 적어서인지 체중이 많이 불어서 왔다. 당연히 부모 마음은 측은하기 그지없다. 먹는 것을 줄여서라도 균형 잡힌 몸매를 만들어 보겠다는 것이다.

학교 기숙사 생활이 여의치 않아 홀로 방을 나와서 생활을 한다. 몸은 자유롭겠지만 마음이 항상 편치만은 않을 것이다. 살아가면서 마냥 부모 밑에서 살 수 있는 경우는 아닐 것이니 조금 더 일찍 분가하였다고 여기면 좋을 듯싶다.

4계절에서 봄은 오는 정으로 표현하고 싶다. 여름은 풍부한 정으로 보따리를 만들고 활기찬 여운을 남긴다. 서서히 황금물결인 가을을 맞이한다. 가장 낮은 곳에서도 빛은 따뜻함으로 비추어 한산함이 아름답다는 겨울로 접어든다.

겨울의 들판이 아름답다고 여겨지는 계기가 있었다. 풍성하게 온갖 작물들로 에워싼 토지들은 모든 것을 다 내어주고 아주 호젓한 휴식을 취하고 있는 듯하다. 배추 200포기를 심어 한 포기씩 정리하고 마지막 100포기를 남기고 김장하기를 기다린다. 남들이 다 김장을 하고 난 뒤에야 시누님의 도움으로 가장 튼튼한 배추 30포기를 담가 김장을 했다. 나머지는 부직포로 추위를 이겨 낼 수 있을까 내심 걱정을 하면서 덮어 두었다.

다음 주말에는 겨울나기를 하는 단감나무와 모과나무의 가지치기를 해야 한다. 아들들까지 합세하여 식구가 한바탕 땀을 흘렸다. 큰 솥에다 가득 물을 붓고는 장작으로 힘찬 불길을 불어넣었다. 따뜻한 물에 손을 담그니 노곳하게 전율이 온다. 겨울이 포근히 여겨지는 햇살이 아름답다 못해 찬란하기까지 하다.

정초가 되어 여러 형제가 다니러 왔다. 서울, 진주, 울산에 사는 형제들이 조카들과 11명이 밀어닥쳤다. 겨울의 들판이 그득했다. 쌈 싸 먹겠다고 남은 배추를 뽑기도 하고 고라니들의 겨울 먹이가 되는 푸른 시금치들을 캐느라 난리들이다.

고라니들을 피해 그물로서 막아 싱싱한 작물로 자리 잡고 있는 시금치는 딸기 모종처럼 따닥따닥 땅바닥에 엎드려 있다. 시금치를 한 봉지씩 나눠 줄 수 있어 가는 정이 되었고 가져갈 수 있는 오는 정이 되었다.

얼마 전에는 멧돼지가 동네 복판까지 들어와 소동을 피운 마을이 있다. 얼마나 먹을 것이 없었으면 목숨을 불사하고 마을까지 쳐들어왔을까 싶다. 그걸 동네 사람들이 잡아서 날것으로 먹어 생명이 위독하여 병원에 실려 가는 경우가 있었다. 야생 동물들은 아무 곳에서나 물을 먹고 하므로 기생충을 많이 보유하고 있다는 것을 몰랐던 것 같다.

귀농한 젊은 농민 후계자는 노루가 다니면서 농작물을 다 뜯어먹어 버리니 화가 나서 하루는 농약을 조금 진하게 하여 작물에 뿌렸다고 한다. 그 노루는 항상 새끼를 한 마리 데리고 다니는 어미 노루였다.

그날 저녁이 되어 갑자기 어린 딸이 고열이 나고 아프기 시작하여 응급실로 가게 되었다. 밤새 힘들어 간호한 것이다. 다음 날 노루가 농작물을 뜯어먹다 사람이 오니 놀라 달아나는데 보니 새끼가 보이질 않았다. 너무나 마음이 아픔을 느꼈다. 농약을 진하게 뿌려서 새끼가 변을 당한 것이 아닐까 하여 걱정을 많이 하였다. 나중에 보니 새끼는 죽지 않고 어미 따라다니는 것을 보았다.

며칠이 지나 그 농민은 비싼 농약을 땅에다 모두 쏟아 버리는 일이 벌어졌다. 다른 농민이 와서 애써 비싸게 산 농약을 버린다고 하니 딸아이가 아파서 힘들었던 걸 생각하면 노루 어미의 심정도 내 마음과 똑같았을 것이라고 하였다. 사람이나 동물의 새끼들은 다 같은 이치로 보호를 받아야 하는 교훈이 되고 있다.

빈자리 더 그리운 중추절

명절을 맞이한 서울은 차량의 움직임이 예사롭지 않다. 예년보다 가족과 함께 차분하게 한가위를 보내는 명절의 분위기가 두드러진다. 한가위 명절은 명월이다. 휘영청 밝은 달이 각 가정에 풍요로움과 행복을 드리웠을 것이다.

이번 명절은 가족 단위로 조상의 산소를 찾는 이가 많다. 생활이 고단할수록 위 조상들에 대한 그리움이나 빈자리가 마음에 다가옴을 느낀다. 긴 연휴로 공원 유원지보다 조상 묘를 찾는 사람들이 많이 늘었다고 한다. 그만큼 조상들의 빈자리가 마음에 동요를 가져왔다고 볼 수 있다.

국립묘지나 가족묘지 성묘객이 작년보다 20~40% 늘어나고 반면 공원 유원지는 입장객이 절반으로 줄어든 가족 중심의 경우가 많았다. 올해의 추석은 가족끼리 모여 조상을 추모하며 명절 본래의 의미를 살려 보자는 분위기를 많이 느낀다.

명절 앞날이 일요일이라 대체휴일을 택하는 업체나 금융기관, 공공기관은 대체휴일로 인한 긴 연휴가 되었다. 대체휴일이 없는 일부 업체에서는 절반의 근무를 하고 퇴근을 한다. 우리 회사에서도 대체휴일이 없어 남편이 출근한다. 한나절 근무를 하고 퇴근하여 일찍 귀가했다.

직원 대부분은 연휴가 길어 오히려 지루한 면이 많았다고 한다. 그만큼 일상의 생활에 짜인 스케줄이 무너져 오리무중이 되는 생활 방식 때문이다. 반면 대체 휴일제가 시행되어 긴 연휴로 인한 해외 여행의 수치가 유례없이 많이 늘었다고 한다. 명절의 역대 최대치를 나타내며 국내 장거리 여행 또한 한몫을 한 것 같다.

큰댁이 구미에 있어 상행하는 고속도로는 그나마 조금은 한적하다. 밀리지 않는 차량으로 제시간에 도착할 수 있었다. 구미는 전자 산업으로 집중된 곳으로 명절에는 고향으로 이동을 많이 하여 거리는 한적하고 조용한 편이다. 차량의 수도 평소의 절반에도 못 미친다고 한다.

차례를 지내고 가족들은 가까운 찜질방을 찾았다. 예년과 달리

찜질방은 다음날 영업을 한다는 팻말과 함께 문이 굳게 닫혀 있었다. 지난날 전쟁이 가장 치열했다는 곳에 들러 목숨 바친 영령들의 구국 용사 충혼비救國勇士 忠魂碑와 구국 경찰충혼비救國警察 忠魂碑에 참배하고 그날의 참상을 마음에 새겼다.

아이들이 어릴 때 다녀왔던 고 박정희 대통령의 생가에 들렀다. 전보다 경비 업무를 맡은 경찰이 주위를 돌고 있었다. 한 명이 누우면 될 성싶은 자그마한 공부방이나 펌프질로 사용했던 우물가, 대통령과 함께 자라고 지내온 감나무가 지난 역사를 말해 주듯 감도 많이 달려 있었다. 집을 둘러싸고 있는 정경이 온화하고 평온한 한 시대의 인물이 탄생한 지역임을 알게 하는 깔끔하고 정갈한 모습들이 그분의 과거를 보는 듯하였다.

오후가 되어 하행하는 고속도로는 곳곳의 마을에서 올라오는 차량으로 거북이걸음을 한다. 차량의 움직임은 활발한 우리 경제 모습을 보는 것 같아 흐뭇하기는 하였다. 구미 톨게이트에서 부산까지 오는 데 두 시간이면 될 것을 네 시간 반의 갑절이 걸렸다. 짜증이 났다. 한꺼번에 다 움직이는 관례는 명절 다음날은 친정집, 처가로 가는 관행 때문인 것 같다.

이 관행은 영원히 없어지지 않을 듯하다. 남아 선호 사상이 역대 최저치를 기록한다. 아들을 선호하는 문화가 점차 약해지면서 지난해 태어난 여자아이에 비해 남자아이 수가 역대 최저치를 보인다. 여자아이의 수가 많아질수록 성인이 되어 사회에 활동하는 여성의 수도 많아져 그만큼 입김도 세어지는 추세가 된다.

딸이 좋다는 문화가 늘어나면서 좋은 점도 있지만, 허점이 많아질 수도 있다. 지난 세월 우리 부모님 세대는 여성의 비하 때문에 너희들은 엄마처럼 살지 말아야 한다는 관례 때문에 여겨지는 딸 선호 사상까지 이어지고 있지 않은가 한다. 남성이 해야 하는 일이 있고 여성이 해야 하는 일이 따로 있음에 각자 분별을 가지고 서로 돕는 사회가 만들어졌으면 하고 바라본다.

오죽했으면 아들 둘 가진 세대는 메달 중에도 목메달을 비유했을까 싶다. 딸 둘 가지고 아들 하나 있으면 금메달이라나. 이는 아들들이 태생의 뿌리를 망각하는 사례로 흘러다니는 조크들이 아닐까 한다. 남녀 구별 없이 평등한 사회를 만들려면 서로가 지켜야 하는 최소한의 예의범절은 벗어나지 않기를 기대해 본다.

동절기 여행

제주공항에 도착하니 조금의 기상 악화로 비행기 기장의 고마움을 느낀다. 겨울바람이 세차게 불어온다. 예약한 렌터카를 받기 위해 이동, 칼바람에 야자수 잎들이 사방으로 흔들어대는 광목狂木들 같다. 먼동은 솟아오르고 길가의 차들은 부지런히 제 갈 길을 찾아 달리고 있다. 차량의 기사는 아침부터 음악 소리를 유난히 감미로움으로 들려준다.

아이들이 자라 청년이 되었다. 어릴 때 제주의 여미지, 성산 일출봉, 산방산 용머리 해안, 중문 주상절리 등등 가족 넷이서 제주를 찾은 것이 언제였던가. 새롭다. 내 젊음의 그 날들로 돌아간 듯도 하다. 제주에서의 2박 3일 정유년 새해를 맞는다. 예약된 렌터카를 받아서 제주의 여러 곳을 찾기로 한다.

남편이 운전대를 잡았다. 아침 식사로 이름이 있다는 올레 국숫집으로 간다. 이곳에도 문전성시를 이룬다. 줄을 서서 차례를 기다려야 한다니. 조금 전 비행기에서 본 어여쁜 한 쌍도 먼저 와 국수를 먹고 있다. 국수가 돼지고기를 부드럽게 하여 담백한 국물에 국수를 말아서 만든 특유의 맛이 많은 관광객을 불러들인다.

눈보라가 휘몰아치는 제주의 거리는 제법 굵은 눈이 소복소복 쌓이지만, 달리는 차들에 의해 눈이 흔적 없이 사라진다. 지역에 따라 햇볕이 유리알과 같이 반짝이고 변화무쌍한 제주 날씨가 심술궂은 제주 할멈의 마음 같기도 하다.

공항에서부터 중국인의 떠드는 말소리가 예사롭지가 않다. 이곳의 만원 현상도 중국인의 환영이 부대껴서이다. 식당뿐만 아니라 리조텔의 만원 현상도 대형버스들의 행렬이다.

집채 같은 파도가 온 바다를 하얗게 치솟고 있다. 조금은 한적한 매운탕집을 찾았다. 아쉬운 것이 없지는 않다. 그야말로 뜨내기들의 식사, 좀 더 신경 쓰고 맛있게 요리해서 내어놓으면 하는 내국인의 안쓰러움을 느낀다. 제주 여러 곳의 풍물을 둘러보고 올레 수산시장에 들러 싱싱한 해산물과 안줏거리도 장만한다.

예약한 한라산 문턱에 자리한 루크벨리 리조텔을 찾아 1시간여를 달려서 그곳에 도착. 때 묻지 않은 환경에 공기는 맑다. 마음껏 마시면서 조용하고 평화로웠다. 넓은 공간에 취사 시설이 끓여 먹을 수도 있고 포근한 하루의 휴식이다. 가족들이 곤히 잠든 제주의 리조텔에서 내 마음의 동화를 그려보고 편안한 시간을 맞이한다.

루크벨리 리조트의 아침은 엊저녁 내린 눈이 사방을 흰 천으로 덮어 높은 듯도 하다. 이슬아침 서둘러 나갈 준비를 한다. 주변에 레오나르도 다빈치 박물관이 있어 첫 타임으로 관람을 했다. 루브르 박물관이 아닌 제주 산간벽지의 다빈치 박물관은 지난 시간 다비치가 앞날을 예측한 발명품들은 다시 수업에 임하는 자세로 찬찬히 눌러본다. 어느 하나 소중하시 않은 것이 없다는 것을 질실히 공감대를 가진다. 특히 오늘날 비행기를 띄울 수 있는 원동력의 공감에 감명이 깊다.

차가운 기온에 한 길가는 차들의 숫자가 많지 않았다. 동쪽 하늘에는 먼동의 기미로 붉게 솟아오르고 다시 찾는 서귀포의 이중섭 거리를 방문한다. 추위도 마다치 않고 이중섭 화가의 지난날을 보듬어 보기라도 한 듯 많은 인파가 드나들고 있다. 네 명의 식구가 살아온 1.4평짜리 방 하나, 발만 덮을 수 있는 이불 한 짝과 그림 한 폭, 손바닥만 한 무쇠 솥 두 개, 후손들에게 귀감이 되어 초가지붕에 한이 밴 고생담이 보인다. 가슴이 짠해 옴을 느낀다.

혼란 속에 감춰진 태고의 신비라는 명소로 쇠소깍이라는 숨은 비경을 찾는다. 효돈천 담수와 해수가 만나서 검은 모래밭을 이룬 곳이다. 맑고 푸른 물이 고인 기암괴석에 용암이 흘러 형성된 길게 뻗은 계곡 골짜기이다. 소나무 숲 조화의 비경은 바다와 모래밭이 아울러 무더기 쌓아둔 돌무덤의 위엄이 비경만큼이나 인공적인 발자취들이 서귀포의 위상이 되기도 한다.

체험 속에 함박웃음이 흘러간 추억들을 되새기게 한다. 민속촌의 한가한 시간은 가족들의 합심으로 이룬다. 화살을 던지고 굴렁쇠도 굴러보고 팽이도 쳐 본다. 깨금발 짚고 걷기는 둘째 아들이 가벼운 몸으로 제법 능숙하게 걷는다. 제주의 풍물에 푹 빠져 마음으로 안아본다.

제주는 여러 번 체험하지만 올 때마다 새로운 의미를 담아가는 아름다운 곳이다. 차가운 하늘에 자유로운 구름만큼이나 스산하지만 평화롭기만 하다. 가족들과의 여행에서 살아가는 묘미가 됨을 좀 더 터득하는 계기가 되었다.

2부

고향

밤낮이 같다는 동짓날이다. 이웃에서는 팥죽을 끓인다고 법석이다. 팥죽을 먹지 않아도 또 한 살의 나이는 올라간다. 액운을 막아준다는 설에 따라 아직도 관례처럼 진하고 걸쭉한 팥죽을 끓여서 나누는 미덕이 있다.

도·농 손을 잡다

도시와 농촌의 체험으로 손을 잡는다. 경남 창원의 빗돌배기마을로 여러 여성 단체의 회장단들이 농촌 체험을 하여 산화 여성회원들에게 전달하여 우리의 농작물을 이용하기 위한 홍보 역할을 한다.

농업과 농촌의 가치를 이해시키고 농사를 짓는 농민들과 만나고 수확의 계절에 한마음이 된다. 먼저 빗돌배기마을의 단감나무를 둘러보고 단감 따기 체험을 한다. 조금 이른듯하지만, 누릇누릇 익어가는 감이 눈에서 입으로 맛을 전달한다. 감나무 높이가 나지막하지만, 단감들이 주저리 탐스럽게 매달려 있다. 그곳 도농 협동 연수원에서 담당하시는 연구원들이 여러 가지 농촌의 실상을 체험하는 데 도움을 주었다. 많은 학생이나 일반인들이 현장 체험을 하고 있다. 우리가 가는 날도 각 지역에서 사백 명이 넘는 학생들이 현장학습을 왔다. 초등생들은 꽃나무 가꾸기와 감 따기 체험, 떡 만들기와 국궁 활쏘기도 한다.

우리 일행들도 단감 따기 체험을 한다. 사방으로 둘려 있는 단감나무이지만 체험을 할 수 있는 감은 정해져 있다. 길가를 벗어나 안으로 들어와서 따야 한다고 이른다. 주머니가 깊숙한 앞치마와 감꼭지를 따는 가위를 하나씩 나누어 주었다. 누렇고 잘 익은 것만 골라서 따 넣었다. 20개 정도씩만 따기를 일러준다.

감 따기 체험에서는 어릴 때 감을 따 본 경험이 있어 감의 개수가 다른 사람들보다 많이 딴 것 같다. 각자 단감 12개 정도 들어갈 수 있는 상자를 하나씩 받았다. 감은 본인이 가져가고 나머지 감은 여벌로 상자에 넣어둔다. 감 따는 일 또한 쉬운 일은 아니었다. 많이 달린 감을 어떻게 따낼 것인가 내심 농민들의 앞길이 걱정되었다. 빗돌배기마을의 단감은 전량 현대백화점으로 들어간다고 하다.

농업, 농촌을 이해하고 소중한 가치를 인식하고 우리 농산물의 먹거리들을 애용하게 하는 교육 차원으로 농협에서 지원하면서 여성단체가 都·農 공감 지역 현장을 찾을 수 있는 체험이다.

농산물 시장 개방으로 수입 농산물이 지천에서 넘쳐나고 있다.

국민들이 우리 농산물을 애용하는 비율이 낮아진다는 것이다. 식당가나 일반가정에서도 수입 농산물에 많이 의존하고 있는 현실이다. 우리의 농업을 좀 더 관심을 두지 않으면 우리의 농산물은 급속도로 붕괴하지 않을까 하는 위기에 처한다고 한다. 우리는 언젠가는 식량 수출국들의 횡포로 식량 안보가 위기에 처하는 상황을 맞을지도 모른다는 것이다.

단감 따기 체험을 하고 점심을 먹는다. 많은 사람의 음식도 제공하는 마을의 부녀회장은 5년 전에 귀농했다고 한다. 손님을 맞이하여 돼지고기 수육과 직접 지은 농산물로 반찬을 하고 신경을 써 주시는 그곳의 관계자들이 정말 고마웠다.

생활 속의 건강 체조도 하고 농촌 반, 사랑 반으로 나누어 삼색 절편 만들기와 국궁 활쏘기 체험을 한다. 처음으로 활을 잡아보고 과녁을 맞히기가 쉽지 않는다는 것을 경험했다. 세 번을 연습으로 쏘고 한 번으로 당락을 결정한다. 세 번 중에 마지막 세 번째가 4점짜리에 걸렸다. 하지만 당락 결정에서 화살 한 번 쏘기에서 탈락한다. 아쉽게도 너무 멀리 쏜 것이다. 대부분이 실패했지만 차분하게 잘 당기는 회원들도 있었다. 여러 가지 체험을 잘 마치고 도농 협동 연수장의 CEO 리더 이수 수료증도 받았다.

요즈음 우리 농산물에는 얼굴 있는 농산물을 공급하고 있다. 직접 생산자가 누구인지를 알 수 있게 한다. 농산물 공급에서 안전성을 충족시키고 믿을 수 있는 신뢰성을 보장해 준다. 때론 이렇게까지 해야 하나 아쉬움도 없지는 않다.

이런 가운데서도 농촌의 공동체 문화는 보존하고 있어 외로움도 치유하고 상부상조로 품앗이도 하여 배려하고 나누어 주는 정이 성행하고 있으니 훈훈한 정이 아닐까 싶다.

근교에서 주말농장으로 계절마다 나는 푸성귀를 심어 쏠쏠한 정감도 나누고 있다. 농작물 판매를 할 수 없는 농장에는 일부러 많이 심어서 나눠 먹는 것 또한 내 삶의 질을 승화시키는 일이란 생각이 든다.

올가을에는 지난여름 비바람이 없었던지 도토리 천지다. 갈 때마다 몇 킬로씩 장만하여 도토리묵 해 먹는 재미 또한 어릴 때 가끔 먹었던 그 맛도 만끽한다. 쉽지 않은 묵 요리법이지만 단계가 숙성해 가는 것에서 행복을 느낀다. 쉽게 맛보지 못했던 묵이 아니었던가. 어쩌다 동네에 잔치나 상을 치르는 날에만 맛보았던 것 같다. 그것 또한 우리 어머니가 음식을 나누어 주는 과방果房을 차지하고 앉았을 경우에만 가능했는지도 모른다.

농촌 체험을 하면서 시월이 되면 옛날 문중들이 시사時祀 지내는 집안이 많았다. 동네 아이들에게 떡 한 쪽이라도 나누어 주기 위해 떡을 많이 해서 나누어 주는 미덕이 뇌리를 스친다. 동생이 있는 아이들은 동생을 업고 동생이 없는 아이들은 베개를 업고서 떡을 받은 적이 있다는 또래들의 만담漫談이 추억이 되고 있다.

빗방울 엉그는 창틀에 기대어

밤낮이 같다는 동짓날이다. 이웃에서는 팥죽을 끓인다고 법석이다. 팥죽을 먹지 않아도 또 한 살의 나이는 올라간다. 액운을 막아준다는 설에 따라 아직도 관례처럼 진하고 걸쭉한 팥죽을 끓여서 나누는 미덕이 있다.

우연히 등 척추 2번 신경에 신생 이물질이 생겨 수술했다. 2주면 된다는 병실 생활이 4주째가 된다. 신경을 건드렸으니 당연히 다리에 무리가 왔다. 수술하고 3일이 되는 날 왼쪽 다리 무릎 아래가 마취가 덜 깬 느낌으로 감각이 무디다. 물리치료를 해야 했다. 조금씩, 아주 조금씩 신경이 살아나는 것 같다.

창문 밖에는 겨울비가 방울방울 영롱하게 흘러내리고 촉촉이 물 먹은 네온사인 거리는 질주하는 차들로 거리를 메운다. 겨울의 밤거리가 스산하게 보인다. 크고 작은 건물들이 우후죽순으로 우뚝 솟아있고 건물 사이로 해운대 바다가 흰 파도의 세월을 보인다.

병실의 창가가 왜 이리 창살같이 느껴질까. 나갈 수 없는 곳이었던가. 환자복이 마치 죄수복이나 되는 것처럼 바깥공기를 맡은 지가 오래다. 어쩌다 지인이 와서 저녁 식사를 대접하겠다는 날에는 외출 신고를 해야 하고 번거롭기도 하다. 4주라니 집을 완벽히 잊어버린 것 같다. 아무 생각이 없다.

해운대 부민병원 10층 18호에는 병상이 5개이다. 수시로 환자가 바뀌고 있다. 그중에 내가 제일 젊었지만, 터줏대감인 것 같다. 3주, 2주, 어제 수술을 하여 눈 감고 있는 환자까지 수시로 변화무쌍하다. 허리에 착용한 복대 하며 의료 기구를 끌면서 서서히 회복되어 간다. 링거를 달고 항생제에 스테로이드 주사를 시간 간격으로 처방하는 간호사, 간호조무사들의 성화에 잠도 제대로 잘 수가 없다. 서로가 이해하면서 지켜보아야 한다. 조금씩 나아가는 환자들을 대할 때마다 회진하시는 의사 선생님들의 자부심은 대단할 것 같다. 그중에 더디게 회복되는 어른들이 있어 담당 선생님의 애간장을 태운다. 수시로 들러 체크를 하고 가신다.

나는 특실이나 1인실이 아닌 여러 환자가 있는 다인실을 선택했다. 여러 부류의 환자들을 보면서 여자들의 일생이란 각양각색이란 것을 절실히 느낀다. 며칠 전 퇴원한 분은 옛 직장 아우의 둘째 언니였다. 아우는 30년이 흐른 지금도 김해세관에서 근무하고 있으며 그 언니는 부지런한 탓인지 한시도 앉아 있지 못하고 간호 역할을 하는 것이 못내 맘에 걸렸다. 그렇게 살아온 역경의 모습이었다. 본인도 환자이면서 남들을 간호한다는 것은 쉬운 일은 아니다. 그 언니가 퇴원하고 난 후 마주 보고 있는 여든둘의 할머니는 아쉽기만 한지 식사를 거르고 간호를 기다린다. 이 병원이 간호, 간병 통합이란 것이 특징이다. 누구든 환자로서 아픈 곳을 고치기 위해 이곳에 와 있다. 누구를 간호할 처지는 아닌 것 같다.

그 할머니는 이틀이 지나 병원을 나가야만 했다. 버스를 타다 운전사의 급브레이크에 넘어져서 엉덩이뼈가 부러지고 꼬리뼈를 다쳤는지 처음에는 안쓰러워 눈 뜨고 볼 수가 없었다. 아프다고 고함을 지르고 깁스도 할 수 없고 아주 딱한 환자였다. 딸이 다섯 있어 교대로 들르기는 하지만 모두가 생업에 종사하여 계속 간호하고 있을 수가 없다. 시간이 흘러 뼈가 붙기를 기다린다.

2주를 치료하고 겨우 앉을 정도로 나아지기는 했지만 특별난 성미 때문에 어디를 가나 더불어 지내는 것이 아쉬울 뿐이다. 다섯 딸이 있어 구급차를 대동하고 요양병원으로 모신다고 한다.

걸어서 나갈 수 있는 완치가 됐으면 좋으련만 그곳에서 길게 안치를 하게 되면 어른의 인생은 또 다른 생으로 마무리되지 않을까 싶다. 모두가 만리장성으로 여러 날을 보냈지만 떠나고 나면 잊혀가는 모습이 된다. 나 또한 잊혀가는 한 사람이 될 테니까.

환자들이 조금씩은 회복이 되었는지 병실은 아주 고요하다. 나만이 머리 위의 형광등을 켜고는 책 읽고 쓰기도 하면서 시간을 메운다. 나이가 들면 책과는 담을 쌓게 되는가 하는 여성들의 일생이 내 눈앞에서 펼쳐지고 있다. 나 또한 몸이 아프고 고달플 때는 읽고 쓰는 것이 멀어지고 자꾸만 누워버리게 되는 것은 어쩔 수 없다.

고요한, 이 밤이 새면 병실의 하루는 또다시 똑같은 일상으로 돌아온다. 7시 아침 식사, 12시 점심, 오후 5시 저녁 식사만은 정확하게 기다리는 나날의 연속이다.

서서히 완치되면서 퇴원의 날이 가까워져 올수록 걱정이 많아진다. 처음 같은 건강상태가 아닌 아둔한 행동에 불편한 것이 한둘이 아닐 것 같다. 그렇다고 병원에서처럼 손 놓고 있을 수는 없는 것이 회복기 환자들의 처지이다.

병원에 들어간 지 꼭 한 달이 되어 퇴원한다. 마음은 기뻤지만, 몸이 하고픈 대로 움직여지는 것이 아니다. 가족들의 일상사가 이가 하나 빠진 것 같은 생활이 안쓰러워진다. 몸이 아픈 사람의 마음을 짓누름에도 어쩔 수 없는 연민이 된다.

때는, 휴가

무더위가 기승을 부린다. 사람들도 약한 자들의 취약점이 된다. 불볕더위에 살아남는 것은 정말 강인해 보인다. 오히려 내리쬐는 태양에 고개를 들고 있는 식물들이 더 고귀해 보인다. 인간들도 체감온도 40도를 웃도는 때는 견딜 수 없어 한다.

냇가는 이미 물이 말라 그냥 촉촉하기만 하다. 집 주위는 인적이 드물다. 작년 휴가철에 너무 많은 인파가 몰려드는 바람에 물 소동이 있었다. 물이 적어서 오전, 오후로 시간제 할 것이라고 그곳 관계자는 계속 연락이 온다. 그 여파가 있었음인지 인적이 한산한 것 같다. 우리는 아랑곳하지 않고 잔디도 깎을 겸 먹거리 준비하여 그곳으로 갔다. 물이 모자랄 리가 없다. 내리쬐는 불볕더위지만 물은 얼음처럼 시원하다. 샤워할 때는 온수를 써야만 했으니까.

매미들이 유독 생의 마지막 발악을 하듯 목청 높아 운다. 소리도 각양각색이다. 먼저 애매미가 선창하면 쓰르라미 매미가 후렴, 왕매미도 뒤를 이으면 마무리는 오이씨매미가 정신없이 울어댄다. 시옷이, 맴맴 매, 윙윙 울어대는 소리도 다양하다. 짝을 찾기 위해 암컷 부르는 소리, 삶의 마지막 정적을 알리기라도 하는지 때론 감미롭기도 하고 때론 처량하게도 들린다. 보고 듣는 것이 전부가 아니라는 것, 보이지 않는 경지가 훨씬 더 소중하다는 것을 매미로부터 배운다.

더위에도 파릇파릇 푸를 수 있는 잔디의 기개는 어디서 나올까. 웃자라 있는 잎을 잘라 준다. 그다음 날 벌써 오롯이 고개를 내민다. 저녁에 이슬을 먹고 더위를 이겨내는 비결인가 싶다. 더울수록 밤에는 이슬을 맺히게 하는 원인이 되나 싶다.

비가 내릴 기미는 전혀 보이지 않는다. 밤이 되면 수많은 별이 반짝인다. 천체 망원경이 아니라도 별의 크기를 재며 볼 수 있다는 곳이 울어대는 매미 소리와 이슬이 맺히는 것과는 일맥상통할 것 같다.

매년 8월 휴가철이 되면 가족과 한적한 이곳을 찾는다. 집 안 주위를 말끔하게 정리를 한다. 잔디를 깎고 큰 잡초들은 낫으로 잘라

준다. 햇살이 강할수록 곤충들의 기세는 더 힘이 세어지나 보다. 남편이 조그마한 벌에 쏘였다. 입술 둥치가 금방 부어오른다. 엉겅퀴 연고를 발랐다. 체격에 맞지 않게 작은 곤충의 침에 맥없이 당하는 것 같아 웃음이 나왔다. 그다음 날은 후지 챔피언 사과나무에 풀을 정리하다 눈 밑에 또 벌을 쏘였다. 눈 아래가 불룩하게 부풀어 올랐다. 엉겅퀴 연고가 조금은 부기를 가라앉게는 하지만 안쓰럽다. 그 정도면 벌침을 맞은 셈 치고 다행인 것 같다.

아들들이 바빠서 휴가는 단출한 가족이다. 오랜만에 남편이 편안하게 정자 위 안락의자에 비스듬히 앉아 낮잠을 즐긴다. 평소에 부지런함이 몸에 배었는지 한시도 쉬지를 않는다. 세상만사 다 버리고 긴 잠에 빠지고 있다.

식물은 잡초일수록 더 강인하게 살아난다. 잡초의 최고봉이라면 바랭이 풀(바래기)이 여름에는 왕성한 활동을 한다. 뿌리가 얼마나 튼튼하게 터를 잡는지 내 힘으로는 뽑히지를 않는다. 한여름 태양 아래 텃밭 잡초를 매어 보지 않은 사람은 잡초의 무서움을 모른다고 할 정도로 강인한 풀이다.

한때는 쇠비름이 건강에 좋다 하여 모두 얼마나 많은 진액도 담갔던가. 쇠비름의 생애는 만고에 잡초라는 것을 풀을 뽑아내면서 본다. 어릴 때는 잎이 둥글고 탱탱하고 싱그럽다. 번식력이 대단한 것 같다. 수도 없이 돋아난다. 일주일만 시간이 지나면 온 밭이 쇠비름의 세상인 양 자리를 메운다. 자라는 속도가 얼마나 빠른지 크기는 커다란 양재기만큼이나 두둑하게 뚝심도 있다. 대신 인간의 도구 앞에는 연약하고 부질없다. 뽑힌 쇠비름은 강인한 햇볕에도 쉬이 시들지 않으며 서서히 마른다. 정말 강인한 잡초이다. 어린아이도 너무 애지중지 감싸며 키우기보다는 잡초처럼 키워야 강인하게 자라지 않을까 싶다.

잔디밭 언저리에 보리수나무 한 그루가 있다. 재래종으로 해마다 보리밥이 발갛게 수도 없이 열린다. 아는 분에게 번갈아 따 가게 한다. 발갛게 익은 보리밥 따기에 정신이 없다. 우거진 나무 사이에는 조그마한 땡벌이 앙증스럽게 집을 짓고 놀이를 한다. 어느새 보이지 않던 벌이 나타나 손을 쏘아댄다. 조그맣다고 예사롭게 볼 일이 아니다. 따끔함과 동시에 손등이 부어오른다. 강인한 곤충이다. 벌들은 생애 한번 쏠 수 있는 침이 있다는데 방어책으로 쓰이지만 부질없게 목숨을 잃게 되는 것은 안타깝다.

인간이나 식물, 곤충들은 제각기 자기방어를 위해서는 강인해져야 한다.

좋은 인연

봄비가 내린다. 주말을 맞아 두어 군데 사찰을 찾기로 한다. 경남 양산에 자리한 통도사를 가기 위해 운전대를 잡는다. 비는 제법 굵어져 주룩주룩 차창을 두드린다.

뭔가 의지하고 싶은 마음으로 부처님을 찾는다는 것은 자식에 대한 모정이 되살아서일까. 예전의 어머니들은 조석으로 장독대에 정화수 떠 놓고 외지에 나간 자식들의 안위를 빌곤 하였다. 성공한 자식의 뒤에는 위대한 어머니가 있었다는 것의 본보기이다.

아들들이 학위를 마치고 각자 제자리에 앉은 것인가 하였지만,

못내 아쉬움이 있다. 어미로서 할 수 있는 것은 오직 불전에 기도밖에 없다. 10년이 넘게 이역만리서 공부할 때는 지금과는 경우가 다르다. 그때는 그저 아이들의 안전과 건강을 바랐다. 해 뜨면 해님에게, 달 뜨면 달님에게, 산에 가면 신령님께, 절에 가면 부처님께 마음을 의지했다. 빌고 빌면서 보낸 세월이다.

학업을 끝내고 직업전선에 들어서는 익힌 만큼 사회의 일원으로 안정된 삶을 보장할 수 있도록 소원을 빌어본다. 세월이 가고 아이들은 생각이 커지면서 부모의 품 안에서 떨어져 각자의 길을 가고자 한다. 부모는 노래의 한 구절처럼 늙어간다기보다 조금씩 익어가는 모습들이 눈에 보인다.

구서동에서 출발한 경부고속도로는 비가 내리지만, 차량은 무수히 지나간다. 도로는 짙은 안개에 뒤덮여 시야가 흐리다. 차량에서는 바람과 함께 가늘게 쏟아지는 빗줄기에 물안개 같은 포물선을 긋는다. 한두 대 건너서는 앞이 보이지도 않는다. 유독 고속도로에만 안개가 짙단 말인가.

통도사에 다다르니 안심되었다. 오직 한 가지 염원으로 그곳에 도착한다. 길가 가로수와 야산에는 파릇파릇 새싹들이 돋아나 있다. 나무들은 봄비가 고마움인지 물방울을 대롱대롱 매달고 있다. 잎사귀들이 제법 푸름을 보인다.

사찰에 들어서면 어딘가 모르게 엄숙하고 숙연해진다. 그곳의 경건함에 젖어서일까. 차는 달려서 호젓한 산길로 깊숙이 들어간다.

특별한 날이 아닌데도 주차장에는 주차한 차들로 빽빽하다. 통도사 문전에서 세 번 절하고 대웅전으로 향한다. 비가 내리고 있지만, 주위는 너무나 평화로운 분위기다.

갓 피어나 귀여움을 토해내는 청, 홍 매화꽃 주위는 봄소식을 알려주려 촬영하기에 바쁜 손길이다. 내 마음도 짙은 안개는 걷어지고 편안해짐을 느낀다.

법당에서는 스님의 청아한 육성이 들리고 불자들은 연신 무릎 굽혀 절을 한다. 나도 소원을 되뇌며 고개 숙여 절을 한다. 오가는 불자들은 그리 많지는 않았지만 각자 두 손 모아 마음의 소원을 빈다.

부처님께 삼배하고 좌우로 삼배하는 것이 고작이었지만 오늘은 가볍게 얼마나 절을 하였을까. 경건한 절을 하였음인지 몸은 가볍고 상쾌하다. 보살이라고 하지만 반야심경 소절도 제대로 외우지 못하는 아직은 모자라고 조심스러운 불심이다.

경남 양산의 통도사는 해인사, 송광사와 더불어 삼보사찰의 하나이다. 대웅전, 국장생 석표, 은입사동제향로, 봉발탑 등의 중요문화재가 있다. 특이 형태의 건물구조로 법당 안에 불상을 모시지 않고 대웅전이 보물 제144호로 지정되었으며 뒤쪽에 석가모니의 진신사리를 모신 동쪽의 대웅전, 남쪽의 금강계단, 서쪽의 대방 광전, 북쪽의 적멸보궁 현판이 걸려 있다. 의미가 같은 이 모든 것과는 좋은 인연이 될 듯하다.

초파일이 다가오고 이미 일 년 연등燃燈으로 가족 축원을 하고 산세와 영험의 기운이 넘치는 그곳을 가끔 내 마음 의지를 소원하면서 살아야겠다고 다짐한다. 차가운 공기에 한기를 느낀다. 산속의 찻집에서 따뜻한 커피 한잔으로 속을 녹이고 서둘러 산사를 빠져나왔다.

부산으로 와서 다시 초읍동에 있는 삼광사를 찾는다. 삼광사는 그곳에서 살 때 내 마음을 의지한 사찰이다. 거기에도 벌써 초파일 등을 달기 위한 만반의 준비가 되어 있다. 마치 넓은 하늘에 만국기가 휘날리듯 화려하다.

큰아들이 어릴 적에 이름을 의탁해 주라는 지난날, 큰 탑을 중건할 때 탑 시주로 아들의 이름을 새겼다. 높게 세워진 탑을 바라보며 아들의 성공을 빌기도 하고 소원을 바라기도 했다. 33인 등에 가족의 이름으로 축원을 한다. 사찰寺刹을 한 바퀴 돌아보고 등을 단 번호표도 확인하고, 등 아래로 내리는 비에 머리와 몸이 젖어 손이 시려 온다. 서둘러 차에 오른다.

평범한 내 소원을 받아주는 좋은 인연이 되기를 빌어본다.

누운 장독대

종갓집의 가보나 다름없는 장독대가 누웠다. 무엇보다도 소중히 여기며 평생을 살아왔다. 조그마한 항아리에서부터 어른들이 팔 벌려 두 번을 둘러야 손 잡힐 수 있는 독까지 종류도 여러 갈래이다.

살아가는 방패가 되는 것은 장독대였다. 얼마만큼의 독이 즐비해 있느냐에 따라서 집안의 살림살이를 알 수 있다 하였다. 항아리가 하나 깨어지는 때는 얼른 그 자리에 하나 채워 주는 것이 미덕이나 되는 양 그렇게 애지중지하면서 살아왔다.

장독대의 주인인 종가의 종부가 사고로 자리에 누워 버리는 신세가 되었다. 빛을 발산하면서 반들거리는 장독대의 주위가 구수한 된장의 향기마저도 누워 버렸다. 된장의 맛도 주인을 닮는가 싶다.

제각기 할 일이 있는데 서서 있어야만이 제 몫을 하는 것이 있고 모로 누워 있어야 제 몫을 하는 것이 있다. 장독대 항아리는 언제나 똑바로 서 있어야 제구실을 하게 되는 것이다. 모로 놓는다든지 거꾸로 놓게 되면 무용지물이 되는 것이다.

빛바랜 독들만 제자리를 차지하고 안이 텅 비어 버린 지도 오래다. 주인을 기다리지만, 언제가 될지 모른다. 누구도 주인이 살아온 지혜가 담긴 살림살이는 손을 댈 수가 없다.

얼마 전 강화도에 기행을 갔을 때다. 석모도의 보문사 절에서 큰 와불상을 보았다. 어느 절에서나 부처님은 좌상을 하는 것이 관례이다. 큰 법당 안을 꽉 메우고 누워 있는 좌상을 보고는 누워 있어 제값을 하는 것도 있다는 것을 알았다. 누워서도 수많은 신도의 목소리를 들을 수 있는 능력이 있음인지 사람들의 발길이 끊이질 않는다고 한다.

몇 년 전까지 생기가 있을 때는 집안을 둘러보고 장독대에 사랑을 주시기도 했다. 이제는 다른 나라의 사람이 되어버렸는지 장독대에 관한 애착 같은 것은 찾아볼 수도 없다. 지천명이란 세월을 한 곳에서 기거하셨으니 얼마나 애착이 살아 있는 곳일까. 모두가 부질없는 일이 되었다.

집안을 둘러보고는 지난날의 내 어린 시절이 떠오른다. 장독대

위의 하늘마저 텅 빈 기색을 하고는 주인 없는 집의 빈 독들을 닮아 있는 것 같다. 대밭의 바람 소리마저도 허전함을 느끼게 한다.

어릴 때는 대밭이 아주 넓고 큰 대나무들이 무수히도 많았다. 대밭이 생활의 보탬이 되는 활력소였다. 뿌리가 굵고 댓줄기가 잘 뻗은 것을 팔아서 수학여행도 보내 주시고 쫄쫄이 바지와 나일론 스웨터도 사 오시고 하는 아버지가 머릿속을 온통 꽉 채운다.

어느 때인가부터 유용하게 쓰이던 대나무 소쿠리와 광주리가 플라스틱에 밀리고 말았다. 편리하고 견고한 점도 있지만 오래 쓰다 보면 여러 가지로 환경에 무리가 온다는 것은 다 아는 일이다. 선조들의 지혜는 과학의 발달로 모두가 무너지고 폐쇄된 지도 오래다. 가끔은 문화재로서 이어 가는 것도 있다.

항상 일자로만 서서 제 몫을 하는 독들도 위아래가 있음인지 독에 따라서 유달리 볼록하게 배가 불러 있는 것도 있다. 독들을 쳐다보고 있으면 배가 불러가는 임산부가 생각이 난다. 어느 독은 3개월 또 어느 독은 8개월 등 참 신기한 과정을 느낄 수 있다. 독에 따라서 장의 맛도 달라지기도 한다.

어릴 때는 철이 없어 무슨 의미인지도 몰랐다. 장독대에도 자주 잡귀 쫓는 줄이 처져 있는 것을 보았다. 새끼줄에다 붉은 고추와 숯이 매달려 있고 주위를 정갈하게 하는 풍습도 있었다. 부정을 타서 장맛이 없어진다고 한다. 살아가는 대는 장맛이 좋아야 일 년의 수확이 잘 된 것이기도 하다.

우리 조상들은 정말 지혜 있는 삶을 살았을 것 같다. 아무도 가르쳐 주지 않고 과학적인 증명도 필요하지 않았다. 느낌과 감각으로 맛을 이루어 낸 비법이다.

살림한 지 30여 년이 다 되어 처음으로 된장을 담가 보았다. 종가의 비법을 자식에게 알려 주지도 못하고서 자리 차고 누우셨다. 나름으로 책과 씨름을 하고 주위 분들에게 조언을 얻어서 담근 장맛이 일색이었다. 모전여전인가 싶다.

장독대와 함께 살아오신, 그러나 이제는 건강원에서 누운 채로 꼼짝할 수 없는 어머니의 곁으로 어서 달려가 보아야겠다. 둥근달이 과일보다 향기롭게 고요히 머리 위를 비추는 것 같다.

고향

고향은 내 어머니가 계시기 때문에 영원한 안식처이다. 우리나라 만큼 고향에 대한 감각이 발달한 국민들도 드물 것이다. 막상 세월이 지나 뿌리라고 찾으면 타향이라는 안식 공간의 적응력이 없기 때문이라는 것을 알 수 있다.

사람이나 동물에게는 움직이는 능력을 갖추고 있다. 이동성이 있는 문화권의 사람들에게는 친숙한 공간이 고정된 한 지점은 아닐 것이다. 안식 공간이야 친숙하게 되면 친화 공간이 되기에 고향에 대한 큰 의미를 두지 않는다. 떠나 사는 곳이 고향이기에 돌아보는 의식이 희박하거나 없는 경우가 있다.

그러나 우리들은 자기가 태어난 곳을 최초의 친화 공간이라는 결정적인 의미를 둔다. 타지에 살면서 형성된 공간은 태어난 곳에 비해 안정적이고 정에 사무치는 면에서 뒤진다고 할 수가 있다. 명절만 되면 고향이 그리워도 가지 못하는 것을 안타까이 여긴다. 멀고 힘들어도 고향산천 가는 길을 인정 면에서 더 큰 비중을 차지하는 이유이다.

명절이 다가오면 온갖 귀성 차량으로 열풍을 이루기도 한다. 적응력이 부족한 공간에 대한 집요하게 돌아보는 의식 때문일까. 죽어서도 고향산천에 묻히려는 우리들의 공통된 공간 때문이 아닐까 싶다.

우리들은 객지에 나가서 죽으면 객사라는 단어를 떠올린다. 죽어서라도 고향에 귀소하기 원한다. 객지라는 타향이 영원한 정신적 안식처는 되지 못한다고 믿는다. 오죽하면 '객사할 놈'이라는 욕이 있는 것만 보아도 타지에서의 안심하지 못하는 우리의 불행으로 볼 수가 있다. 반면 외국인들은 살다가 죽으면 그곳에 묻힌다. 그 사람들은 죽어서도 그 공간에서 친화할 수 있기 때문인지도 모른다.

어릴 때 자주 들은 객지병이란 것도 있다. 객지에 나가면 환경에 적응이 안 돼 밥을 제대로 먹지 못하여 건강에 위협이 오기도 한다. 먹은 것을 소화를 못 시키고 향수에 대한 그리움으로 객지에 머물지를 못해 귀가하는 경우를 듣고 보기도 했다. 그건 객지에 머물지 못하는 체질이기도 하다.

어릴 적 옆집의 아저씨가 여러 남자 형제 중에는 머리가 명석하여 도시 명문 학교에 들어갔다. 아저씨는 도시의 위화감에 적응하지 못해 학교를 중퇴하고 부모님과 함께 농사지으면서 살아가는 것을 보았다. 후에 성인이 되어 아내와 함께 도시로 나갔다. 얼마 되지 않아 다시 귀가하는 것은 객지에 대한 친화 능력이 부족한 경우였다.

객지병이란 고향이라는 곳에 돌아오면 씻은 듯이 없어지는 정신적 일종의 신경성 질환이다. 기후나 공기, 풍습, 음식이나 물의 맛에 대한 이질성의 풍토도 있지만, 이 같은 객지 병과는 원인이 다른 것이다. 이는 풍토에 대한 물리적 원인이라지만 객지 병은 친화 공간에 적응하지 못해 생기는 마음의 병이 원인이기도 하다.

지금에야 고향, 타향이라는 문화가 별로 이채롭지 않다. 교통과 통신의 발달로 쉽게 안부를 들을 수도 있고 오가는 수단도 편리해져 있기 때문이다. 우리 조상들은 생활 터전을 벗어나면 삶이 없는 것처럼 목숨만큼이나 지키면서 아꼈다. 경제 성장의 발달로 전답이 들어가고 터전이 변해오는 것을 바라보고 지난 세월의 안타까움을 한탄하면서 내놓기를 꺼려하는 사람들도 많았다.

고향이 부산 정관이다. 농공단지로 변하고 신도시가 들어왔다. 친정아버지는 내가 25세가 되던 해에 병환으로 돌아가셨다. 선산이랑 농경지 모두가 들어가고 큰아들은 그 위세에 억눌러 서서히 변해갔다. 어머니와의 의견 충돌로 매우 아픔을 겪는 것도 옆에서 지켜볼 수밖에 없었다. 세월이 말해 주고 있다.

좀 더 미래의 안목을 알았더라면 가지고 있는 것만은 능사가 아니었을 텐데 자식들의 앞날을 막고 예측하지 못한 분들도 많았다. 반면 가감이 처분하여 자식에게 몰방한 분들은 후회로 평생을 통곡하는 경우도 있었다. 사람의 마음은 천차만별이었다는 것을 교훈으로 남겨지고 있다.

고향은 터전을 잘 지켜온 그분들이 있었기에 성장할 수 있고 도약의 성취가 되지 않았을까 싶다.

초원을 달리다

울란바토르, 가끔 몽골에 대해 동경이 많았다. 넓은 초원 밤하늘에 은하수와 별자리 관찰을 할 수 있다는 말만 들었다. '백문 불여일견'이라 했다. 부산시 여성단체협의회에서 다양한 봉사활동과 한국의 문화를 알린다. 몽골의 여성협의회와 바양골구 23동 동사무소 센터에서 MOU를 체결하는 행사이다. 몽골의 생활사를 직접 눈으로 체험하고 우리의 삶보다 조금은 미비하고 힘들고 슬픔에 싸여 있다는 것을 느꼈다.

지난날 우리나라도 몽골의 지배하에 많은 도움과 간섭을 받았다고 한다. 특히 자라는 아이들의 모습이 우리가 어릴 때 큰 나라의 도움으로 먹거리 등 원조를 받았던 것이 절절히 생각났다.

여러 단체의 회장단들이라 그곳에 육각형 정자를 기증하고 아동복지 시설을 방문하고 이, 미용 봉사활동은 큰 경험의 체험이었다. 순식간에 한 부모 가정, 어린이 등 150여 명의 주민이 모였다. 줄을 서서 차례를 기다리는 미용사들의 손길이 가위가 보이지 않을 정도로 손이 빨랐다. 준비한 물품이나 옷가지며 학용품 등 아이들과 더불어 줄을 서서 받는 즐거움은 감회가 컸으리라.

나라가 힘들어지면 국민들이 살아가기가 너무나 힘이 든다는 것도 절실하게 느꼈다. 그나마 어려운 시기를 겪은 우리나라도 국민이 다 함께 노력하여 경제 대국이 되어 이렇게 힘든 처지에 있는 나라를 도울 수 있다는 것에 뿌듯한 생각도 들었다.

늦게 숙소에 도착하니 그곳 관계자들이 다시 감사패와 도자기에 과일을 담고 보드카 한 병을 들고 호텔로 찾아오셔 고마움을 전했다. 내년에도 자기 동을 찾아 주기를 바라면서 도움을 요청했다. 아이와 살아가는 여성들이 경제적으로 자립할 수 있도록 길을 터주고 싶다면서 재봉틀을 기증해 주면 양가죽 제품을 만들어 자립할 수 있도록 도와 달라고 한다. 여성회 회장은 좋은 생각이라면서 지금 당장은 말할 수 없어 돌아가서 의논하여 연락드리겠다고 했다. 간절했기에 저렇게라도 하실까 마음이 찡함을 느꼈다.

한없이 넓은 초원이 가도 가도 끝이 보이지 않는다. 초원의 길을 달리다 잔디밭으로 차가 깊숙이 들어간다. 호텔 측에서 준비한 도시락, 푸른 하늘을 천장 삼아 코끝을 간질이는 초원에서의 식사는 일류의 산해진미였다. 사방으로 둘러보아도 넓은 초원으로만 깔려 있다. 멀리 흘러가는 구름마저도 너무나 여유롭고 평화롭다. 언제 이렇게 여유로운 시간에 쫓기지 않는 나날이었었던가.

초원의 아름다움에 가슴이 탁 트이는 것 같다. 낙타가 보이는 농장에서 낙타 타는 체험을 한다. 낙타는 덩치가 크고 순한 동물이다. 특유의 냄새가 있지 않을까 염려도 했지만, 넓은 초원에 그 또한 바람에 흩날려 버리니 안심하고 낙타 타는 체험을 할 수 있었다. 젖먹이 새끼는 어미 낙타를 따르고 사람이나 동물이나 자기 가족 챙기는 것에는 별다름이 없구나 싶다.

사막으로 모래 능선이 쌓여 있는 곳에 가서 낙타들이 멈춘다. 낙타들의 훈련에 감동을 준다. 차례로 멈추면서 떨어질세라 조용한 자세로 위험하지 않도록 좌정을 한다. 동물이라도 내리면서 수고했다며 등을 만져주고 토닥거려주니 큰 눈을 껌벅거리며 인사하는 것 같다.

모래 썰매도 체험한다. 그 옛날 시골의 뒷등에서 빈 비료 포대를 이용한 썰매가 생각났다. 조금은 두렵기도 하고 가슴이 콩닥콩닥 다른 분들이 다 타고 있는데 그 또한 뒤처지기라도 할까 봐 용기를 내었다. 등을 뒤로 젖히고 고리를 꽉 붙들고 천천히 내려가리라 생각한다. 속력에 의해 사정없이 모두가 고꾸라진다. 웃음바다가 되고 스릴 있는 체험이었다. 옷이랑 둘러맨 가방은 모래투성이가 된다.

마치 석양에 붉은 해오라기 물결을 감탄하면서 펄쩍 뛰어오르다 벌렁 자빠지는 사진 촬영에 다시 젊음으로 돌아온 시간이었다. 낙타 몰이 인부들에게 각자 1불씩을 주고 고마움을 전한다.

별이 보이는 게르에서 하룻밤을 지낸다. 북두칠성이 또렷이 보이는 밤하늘, 이미 다녀갔던 몇 분은 이구동성으로 올해는 작년에 비해 아름다운 밤하늘이라 한다. 11시가 지나자 쏟아지는 별 무더기에 정말 황홀했다. 게르 안은 인원수대로 침대가 놓여 있으며 나무를 태울 수 있는 난로가 있다. 마른 말똥을 곁들여 열기가 대단하다. 따뜻하게 편히 잘 수 있었다. 물이 부족한 사막의 밀집된 게르 안에도 공동으로 샤워 시설은 되어 있다. 물은 아껴 쓰라고 한다. 얼음장처럼 차가웠지만, 온수시설도 되어 있어 머리도 감을 수가 있었다.

그 오지에서도 그런대로 식사가 깔끔하게 나왔다. 식자재 구매가 쉽지 않은 곳에서 어려움 없이 식사할 수 있다는 것에 감사하기만 했다. 그것 또한 외국인이 운영하는 식당 카페이다.

바양골구 게르 촌을 뒤로하고 울란바토르로 출발, 아침의 상쾌한 공기를 맘껏 마시고 전날 게르의 원주민들이 일일이 가방을 들어다 주는 환영과 떠날 때는 전통 복을 입고 나와 우유를 뿌려주어 안전하게 가기를 기원하는 전통의식도 해 준다. 우리 버스가 멀리 떠나올 때까지 손 흔들어주는 미덕으로 예전에 우리 엄마가 그랬던 것과 흡사하여 눈시울이 짠함을 느낀다.

펼쳐진 초원에는 양 떼와 말 떼들이 유유히 풀을 뜯고 있다.

호찌민의 석양

아들이 약 15년을 외국에서 공부하면서 3년가량 직장을 다녔다. 모든 것을 접고 한국으로 들어온다. 회계법인 전공에 맞추어 바쁜 일정이다. 이후로는 컨설팅회사에서 회계, 금융컨설턴트로 유망업종에 종사하고 있다. 서울에 급히 방을 계약하고 맞을 채비를 한다. 이참에 가족이 모였을 때 여행 계획도 해본다. 필요한 먹거리와 생필품을 정리하고 나니 하루해가 지난다. 왕십리역에서 5분 거리, 그렇게 좋은 집은 아니지만 혼자 지내기에는 깔끔하고 아담했다.

미국에서 14년, 호주에서 8개월의 생활, 호주에서 오래 매진하리라 생각하고 중국인의 집을 렌트해서 한국의 젊은 청년 세 쌍과 대가족이다. 하지만 기회가 주어질 때 모든 것을 정리하고 고국으로 손을 뻗친다. 부모와 떨어져 산 모습이 참 허접하기 짝이 없다. 어서 빨리 짝을 지어주어야겠다.

다음날 베트남을 가기 위해 용산역 호텔에서 하룻밤을 지낸다. 새로 지은 호텔이 국내나 외국인을 맞이할 준비가 된 것 같다. 조식에서 나라별로 음식이 정렬되어 있다. 이비스 호텔에 작은아이가 근무하여 조금의 도움이 되었다.

일찍 일어나 서둔다. 11시에 베트남 호찌민 탄손녓(Tan Son Nhat) 국제공항을 가기 위해 출발, 서울 날씨는 종일 흐리고 묵직하다. 멀리서 가까이서 보이는 서울의 거리는 우후죽순 솟아오른 아파트와 빌딩의 천국이다. 서울의 발전이 예전의 모습은 아닌 듯 감회가 새롭다. 나는 서울이 그렇게 친근하지는 않다. 아들들이 이국에서 공부하여 서울이 더 낯설고 먼 이웃처럼 느껴진다.

오랜만에 가족 넷이서 오붓하게 지낸 것 같다. 항상 명절만 되면 이 가족이 언제 함께할까 소원이었는데 어느새 소원을 이루고 있지 않은가. 간절하면 이루어지는가 싶다. 아들이 장성하니 부모는 벌써 이순에 백발이 되어 세월의 무상함을 보인다.

정신도 웃으면서 버려지기도 하고 빨랐던 행동도 웃으면서 느려진다는 것을 살면서 느낀다. 마음대로 여행을 가는 것도 아이들의 발 빠른 접수와 예약에 느려진 부모들을 대신한다. 그 아들이 그랬고 또 그 아들이 그럴 것이다, 삶도 수레바퀴처럼 돌아간다.

10만 명이 넘는 인파가 빠져나가는 인천공항이다. 줄을 선 것이 끝이 보이지 않는다. 약 5시간이 지나 목적지에 도착할 것이다. 시야가 맑아지면서 더워지는 느낌이다. 간간이 창문 사이로 비치는 하늘은 뭉게뭉게 아름다운 구름으로 땅과는 대조적이다. 연일 피곤함에 지쳐 비행기 소리도 아랑곳하지 않고 잠을 청하기로 한다. 가족의 여행이라 편한 것도 있었다.

호찌민 도착. 어디를 가나 한국인은 만원이다. 우리도 그 대열에 끼어 있지 않은가. 그곳 길가는 오토바이 천국이다. 자동차가 비싸다 보니 오토바이를 선호하는 호찌민의 삶이 눈앞에 펼쳐지고 있다.

아들들이 여행을 즐기면서 살아온 경험이 적어 매우 좋아한다. 특히 가족과 함께하는 자유여행의 시간이다. 택시를 타고 시내 호텔로 숙소를 잡는다. 호찌민에서도 이비스 호텔로 정한다. 이 또한 차액이 만만찮다. 여행을 다니다 보면 공항에서 시간을 많이 보내는 경우가 있다. 툭하면 지연이다. 싼 가격인 항공을 택하여 그럴 때가 허다하다. 숙소의 여비는 조금 아끼더라도 항공료 선택은 생각해 볼 일이다.

다음날 호찌민 길거리를 거닐었다. 삶의 먹거리들도 하나하나 톺아보는 계기가 되었다. 현장을 눈으로 보고는 그 옛날의 호찌민은 아닌 듯하다. 잘 살다 나라의 지도자를 잘못 만나면 국민성도 볼품이 없어짐을 눈으로 목격한다.

날씨가 더운 탓도 있지만, 길가 아무 곳에나 마시고 먹는 것이 위생과 관련이 없지는 않다. 반면 명성이 나 있는 식당가는 앉을자리도 없다. 특히 자유여행을 하다 보니 차량이 없는 민가의 삶을 체험하는 계기가 많았다. 저렇게도 살아가는 걸까 하는 아픈 마음이다. 웃음이 없는 얼굴, 솥 하나에 여러 가지를 해 먹는 경우, 길거리는 위생을 바랄 수도 없는 모습이다. 만일 우리가 자유 여행이 아니었다면, 그러한 광경은 볼 수도 없었겠지. 그 사람들은 언제까지나 그렇게 살아갈 미지의 일이다.

남베트남 정부의 대통령 관저인 통일 궁, 4층으로 화려했던 경제대국의 면모가 엿보인다. 그 당시 치열했던 모습의 사진들을 열거한 곳, 1975년 해방군의 탱크가 통일 궁을 진입하면서 베트남 전쟁은 종결을 맞이한다. 지금은 개방하여 베트남의 산 역사를 교육하는 곳이기도 하다.

누구나 잘 살고 행복해야 할 권리는 있다. 나라가 힘겨우면 국민은 바닥으로 떨어지는구나! 남과 북으로 나누어진 우리나라의 위기가 참으로 걱정이 되는 때이다. 이번 여행을 하면서 많은 경비를 들어서 화려한 것만 보고, 즐기는 여행보다는 뜻있는 여행이 보람이었다는 내 생각이 짧은 것만은 아니었다.

히타카츠 항구

대마도 운항 KOBEE의 선상에 오른다. 대마도에는 두 개의 항구가 있다. 언젠가 대마도 여행길에 이즈하라 항구를 이용했다. 그곳은 규모가 크고 조금은 번잡한 항구이다. 도시로 이루어진 번화가繁華街 있었다. 히타카츠 항구는 자그마한 항구로 조용하며 여행객의 90%가 한국인으로 보인다.

한일 문화 경제포럼의 행사가 있어 20명의 일행과 일본의 회원들과 함께한다. 일행 중에는 젊은 사람도 있다. 아직 초등생과 어린아이를 데리고 부부가 동행했다. 처음으로 배를 타고 여행을 하는 사람인 것 같다. 아이 둘, 큰 가방, 텐트까지 짐이 태산 같다. 11시 30분 코비에 승선하기 위해 면세점 앞에서 기다리고 있는 동안 짐의 행방이 묘연해진다. 서로 챙겼겠지 하고 배를 탔다. 그 가방에는 두 사람의 여권이 들어 있다. 이미 줄을 섰고 돌아갈 수 없는 상황이 되었다.

난감한 일이 된다. 아빠는 어안이 벙벙하여 어찌할 바를 모른다. 5학년생인 남자아이는 울음으로 뒤범벅이 되어 사투를 벌인다. 거기 책임자인 김 총장은 일본어가 능숙하다. 전화로 가방의 행방부터 확인하고 두 사람은 여권이 없어 통과할 수가 없다. 다시 부산으로 돌아가야 한다. 타고 온 배는 다음 날 아침에 출발해야 하고 방법을 모색한다. 오후에 부산으로 출항하는 비틀BEETLE을 타고 부산에서 하룻밤을 보내고 다음 날 다시 코비를 이용하여 히타카츠 항구로 돌아와야 한다. 하루의 시간이 길게만 느꼈던 한 가족의 어설픈 이별이 측은하기만 했다. 남은 엄마와 어린 딸도 당황한 기색에 위로하기 바빴다.

한낮에 도착지인 미우다 해변에는 불볕더위로 태양이 이글이글 모든 것을 태워 버릴 양 한증막 같았다. 때는 한국에서도 연일 불볕더위가 기승을 부리고 있을 때이다. 나와 일행 두 명은 펜션으로 이동을 하고 다른 분들은 해변의 언덕 위에 일렬로 세워진 텐트를 사용하여 숙박할 것이다. 더위에 심히 걱정스럽다.

해변은 너무나 평화롭다. 바닷물이 북청색이고 청잣빛이다. 사장

沙場이 넓고 모래는 가늘었다. 햇볕에 여유로운 웃음소리가 해변의 물속에서 즐거운 한때를 가진다. 물이 얕으며 파도가 없어 아이들이 놀기에 안전하고 아주 매력적이다. 우리 아이들이 이만큼 했을 때 나는 뭣하고 살았을까 다시 한 번 뒤돌아봐지는 아름다운 곳이다.

인솔한 김 총장과 몇 분의 남자 회원들이 준비한 국제면허증을 제시하고 렌트한 차량으로 일행들을 태워 날라 발 빠르게 미우다 해변으로 올 수 있었다. 해변의 언덕배기에 천막 텐트가 줄을 이어 정돈이 되어 있다. 우리 일행의 묶은 다섯 채로 해변 쪽으로 가장 가까운 곳이다.

저녁에는 캠프파이어 준비로 빙 둘러앉을 수 있는 공터에 장작으로 그들만의 예술품으로 상징된다. 예전부터 많이 성행한 것으로 보인다. 다량의 나무둥치가 쌓여 있고 숯불구이 할 도구들도 준비되어 있다. 낮에는 35도를 웃도는 불볕더위로 진행자들은 땀깨나 흘렸다. 푸르고 울창하게 뻗어 있는 나무들이 시원한 바람을 주기도 한다. 여기가 대마도라는 것을 까맣게 잊을 만큼 한국적인 이미지가 서려 있다.

일행들이 먹거리를 사러 갔지만, 아직도 종무소식이다. 미우다 해변이 사방이 산으로 둘러 파도가 일지 않는 것이 특징이다. 수영을 즐기는 수영복이 오색 빛깔들로 푸른 바다와 조화를 이룬다. 일행 중에는 물갈퀴도 준비하여 수영하고 커다란 고동도 제법 수북이 잡아왔다.

여기가 전복과 소라가 많아 수영 마니아들의 솜씨 발휘에 한몫을 할 기회이다. 하지만 종일 앉아서 감시하는 바람에 전복이랑 소라를 맛보기는 틀린 것 같다. 한 톨이라도 건져오다 감시자에게 걸리면 그 자리에서 2만 엔이 지불되기 때문이다. 점심이 헙수룩한 것에 모두 헝그리 행각에 뭔들 맛나지 않을까. 아이들을 동행한 가족들은 아주 멋진 추억으로 언제까지나 기억에 남으리라.

서울에서 온 학생들인 것 같다. 스쿠버 다이빙 차림에 그물까지 준비하고, 노란 보트를 타고 선을 표시한 위험지역을 벗어난다. 멀리 바라보이는 곳에 전복과 소라가 많다기에 열심히 채취하고 있다. 그때 어느 순간 두 명의 경찰이 나타났다. 계속 그곳을 주시하고 망원경 순찰을 하고 있다. 우리 일행 중 한 명이 살포시 그 아이들을 찾아가 일러 주었다. 어떤 방법으로라도 한 톨도 가져오지 말고 다 던져버리고 오라는 신호를 보내라고 했다. 해 질 무렵이 되어 아이들은 돌아왔고 아무 이상이 없었다고 했다. 조용히 순찰하는 경찰들이었다.

다음날 한일 문화포럼의 일본 회원들이 열 분이 참가하여 합심하다. 숯불구이와 새우 버섯 호박 등 많은 음식에 식구들의 손길은 게 눈 감추듯 사라진다. 밤이 늦도록 환담하고 멋진 시간을 가졌다. 하늘에는 보름달을 기다리며 큰 나뭇가지에 덜 터 있는 별들이 총총하다. 아주 가까이 보이는 별들을 쳐다보는 눈과는 아주 가까운 이웃사촌의 별인가 보다. 석양이 붉게 물 들은 구름 형체가 예사롭지 않은 한 폭의 그림이다.

두 나라가 어우러지는 행사에 한바탕 소동이 벌어진다. 그분들과의 의사소통은 서툴지만, 마음을 열고 즐기는 모습이 우리들 못지않게 유연하고 깔끔하다. 그들은 삼십 명이 넘는 인원의 몫으로 먹거리를 준비하고 미우다 해변을 둘러싼 음식 준비와 캠프파이어도 곁들어 멋진 힐링으로 생활의 활력소가 되었으리라.

그날의 밑바탕으로 더욱더 한일 문화 경제포럼이 돈독해지는 계기가 되기를 바란다.

지진! 원망보다는 대처를

천재지변의 일이 당혹스럽게 한다. 기상청에서 공식적으로 발표한 경주 지진은 역대 지진 관측상 최고의 지진 발생이다. 지진 5.8 정도로 전국이 흔들린 적은 이번이 처음인 것으로 기상청에서는 우왕좌왕한다.

이제는 한반도가 지진 안전지대라고 할 수 없을 정도로 큰 규모이다. 전국에서는 엄청난 불안에 시달리고 있다. 경주의 시민은 바스락 소리만 들려도 지진에 대한 불안과 공포에 시달린다고 한다. 지진파는 음파 속도보다 빨라 경주에서 서울까지 도달하는 데 몇 분밖에 걸리지 않는다.

경주에는 문화재나 왕릉, 왕궁터가 많아 관계자들도 선조의 숨결이 피해를 보고 있으니 노심초사 걱정이 앞서며, 튼튼하기로 자부를 하는 첨성대가 아픔을 호소하고 있다. 지역적으로 안전지대는 없을 듯하다. 속히 그 여파에서 벗어나 안정을 찾을 수밖에 없지 않을까.

지진이 일어난 시간이 저녁 식사를 마치고 편안하게 휴식을 취하고 있을 즈음, 집안은 조용하고 움직임이 없었지만, 지진의 여파는 마음을 긴장시키고 가슴이 두근거리는 것이 깜짝할 사이인 것 같다. 큰 화분이 꿈틀거리고 식탁 위의 조명등이 흔들거리는 것을 보고 직감적으로 이것이 지진이란 걸 알았다.

밖에 나간 식구들이 아무 일 없느냐고 전화가 오고 심각함을 느낀다. 핸드폰의 문자가 멈추고 이상기류가 흘렀다. 텔레비전을 켠다. 지진에 대한 불감증에 여러 곳에서는 아우성이다. 아파트 주민들은 아래층으로 내려오고 학교의 학생들은 넓은 곳으로 대피한다. 몇 초 순간의 여진이 이렇게 길게 느껴질 줄이야. 다행히 내가 사는 아파트는 아무 일 없이 안전하게 내진설계가 됐음을 알려준다.

걱정되는 것은 아무래도 고리원전이나 주변의 원자력 발전소들이다. 지진 규모로 보아서 손해를 입을 만한 상황이다. 조금의 사고라도 크나큰 인명피해나 재산피해가 있을 수 있다. 전국이 마음을 졸이고 걱정을 한다. 문제는 이런 사고가 있었는데도 재난문자가 제대로 발송이 안 되었다고 원망과 질타가 오간다. 많은 시간이 걸린 것도 아니고 순식간에 일어나는 경우라 하는 방법을 몰라 안타까울 뿐이다. 어디를, 뭘 믿어야 하는지 난감하기도 하다. 하지만 천재지변의 일이란 그 누구를 비난하고 질타만이 아니라 대처하는 마음이 우선이 되어야 할 것 같다.

적어도 지금까지 우리나라는 지진에 대한 내진설계나 건설사들의 공사 기준에 대한 것이 마련이 되지 않았다는 것이 피해의 문제가 되고 있다. 교각이나 다리들이 금이 가고 땅이 갈라지는 현상인 곳도 많다. 그나마 다행스럽다고 하는 것은 무너지지 않았다는 것이다. 하지만 계속해서 여진이 일어나는 것으로 보아서 언제 무너질지 모르는 상황이라 조심스럽기만 하다.

시간이 지날수록 피해 상황들이 속출되고 아수라장인 곳도 있다. 마트에 진열한 물품들이 우르르 쏟아지면서 깨지고 허물어지고 순식간의 일이 된다. 상가의 통유리가 일시에 떨어져 깨지는 현상은 지진의 위력이 정말 상상이 초월함이다.

천재지변의 일이라지만 대처를 하여 큰 피해가 없기를 바라는 마음이다. 모두가 한마음이 되어 더 강화하고 노후화된 건물들을 보수하고 안전한 나라를 만드는 데 일치단결이 됐으면 좋겠다.

일주일이 지나 또 지진의 여진이 있었다. 추석 명절을 지나고 조금의 마음이 평정되고 있을 때였다. 거의 같은 시각에 또다시 경주에서 4. 2의 여진이 있었다. 친구들의 모임이 있어 찻집에서 노닥거리는 시간이다. 약간의 흔들림이 있었지만, 저번 주의 여파로 모두는 너무나 놀란 토끼 눈 같았다. 서둘러 집으로 향하는 발길이 바쁘기만 했다. 여진의 뿌리가 언제까지가 되려나. 지진이 온 국민을 아픔의 도가니로 밀어 넣어 정신순화를 시키고 있다.

우리의 처지는 북, 핵의 불안전한 사태와 경주지역의 큰 지진이 다시 한 번 국민들의 정신에 경각심을 주는 듯하다. 누구의 잘잘못을 따지기 전에 사람의 목숨을 귀히 여기며 나라를 위해 일하시는 분들이야말로 국민의 안위를 보호하는 책임으로 임해주셔야 하는 중요한 시기인 것 같다.

그 이후로 경북 포항에서도 5.4의 지진이 있어 경주보다도 더 큰 피해를 당하였다고 한다. 정전이 일어나고 송유관이 중단되고 수능이 연기되고 초유의 피해 현상으로 늑장 경보 발령에 비난이 잇따르자 이후로는 발 빠른 재난 문자가 발송되고 있다.

그 누가 아닌 나부터라도 동요하지 말고 정세의 흐름에 귀 기울여 생활해야겠다는 다짐을 해 본다.

3부

한편은, 애잔한 이별이다

그렇게 시작한 것이 후에 고령화高嶺化시대에 발맞추어 소일거리로 지낼 것이라고 꿈에 젖는다. 내가 보기에도 그럴싸하다. 그는 변함없이 한 길의 선택이다. 거리마다 곳곳에서 벚꽃 망울들이 이제나저제나 순서를 기다리고 있다. 활짝 핀 종류의 벚나무도 여럿 보인다. 백년대계를 위해서 교육을 해야 하듯 지난날의 모습을 되돌아보는 데는 한 그루의 나무를 심는 것도 나쁘지는 않을 것 같다.

미美

미인박명이란 말이 있다. 생김이 예쁘다고 덕이 있는 것은 아니라는 뜻이다. 예쁘고 덕까지 갖춘 사람을 금상첨화라고 할까. 마음이 후덕하고 속이 알차고 긍정적인 생각을 할 때 아름다운 미를 갖추었다고 한다.

신체발부라 하여 머리를 자르고 머리에 손을 대는 것조차도 금기시하는 시대도 있었다. 남자들은 상투를 자르고 여인네들은 비녀를 뽑아버리고 할 때는 어떠하였는지가 짐작이 간다. 우리 조상의 전통사상이 대단하였던 것 같다. 세계는 국제화 시대, 면모도 시대에 따라서 달라져야만 세계의 대열에서 뒤지지 않는 현실에 직면해 있다.

어느 때부터 모양에서 색깔까지 변화무쌍하게 시대의 유행은 눈부시게 변하고 있다. 직선과 곡선에서 직선은 어딘지 모르게 좀 고지식하고 흘러가는 과거의 이미지를 주는 것 같다. 곡선은 순순히 흘러가는 미래에 다가오는 부드러운 이미지를 느낀다. 때에 따라서는 곡선보다는 직선이 아름답게 여겨지기도 한다. 곧은 머릿결보다는 약간의 웨이브를 준 파마머리가 생활에 활력을 주기도 한다.

검은 머리보다는 변화를 주는 것이 젊은이들에게는 좀 더 싱그러운 느낌이 든다. 색상이 다양하다는 것은 생활의 종류가 다양하다는 것이다. 변천에 따라서 모양이나 색상이 생활의 좌우 패턴이 되고 있다.

사람은 태어나면서 몇 개월이 지나면 배냇머리라 하여 잘라 주는 것이 좋다고 한다. 그러면 머릿결이 굵고 건강하게 자란다. 아이들은 자라면서 여러 가지 변화를 겪는다. 남자들은 직업이나 상황에 따라서 깎기도 하고 길러 묶기도 한다. 여성들은 주로 얼굴 모양에 따라서 예술적인 감각은 머릿결로 나타낸다.

얼굴 생김새에 따라서 호인이 될 수도 있지만, 머리 형태에서 그 사람의 인격이 드러나는 때도 있다. 너무 깔끔한 인상은 상대편에게 딱딱하고 부담감을 준다. 강인한 인상은 위압감을 주기도 한다. 근엄한 인상은 주눅이 들게도 한다. 그저 평범하면서도 호연지기를 느낄 수 있는 분위기의 모습이 알맞을 것 같다.

성격 면에서도 다양하다. 둥글둥글 복합형이 생을 살아가는 데는 이변이 없는 한 아름다운 삶이 된다. 어떤 이는 너무 소심하여 어려움을 견디지 못하여 더 큰 어려움을 당하기도 한다. 반면 너무 소탈하여 남에게 손해 보는 경우도 많다. 모든 것이 본인 맘인 양 생각하기 때문이다.

유학에서 돌아온 아들이 여자 보기란 소 닭 보듯이 한다고 보았는데 와서 시차 적응도 하지 못했는데 다음날 아주 순박하고 아리따운 여학생을 집으로 데리고 왔다. 보스턴대학에서 선배가 소개하였다는 여학생은 해운대가 집이라고 한다. 정말 인상이 잔잔하고 예뻤다. 딸이 없는 우리는 대환영을 했다. 남편이 더 좋아한다. 어려움 없이 곱게 자란 아이구나 싶었다. 선한 인상에서 순탄하지만 않은 험한 세상을 현명하게 잘 헤쳐갈 수 있으려나. 괜한 노파심도 생겼다. 이것이 긴 인연이 될지는 지켜보기로 한다.

아들이 군대에 입영하고 그 아이는 일 년 휴학하고 한국에서 나날을 지내다 친구인 우리 아들한테 면회도 가고 즐겁게 잘 지내는가 싶다. 그 아이는 다시 보스턴으로 가 복학하여 공부를 마치고 한국으로 들어온다. 21개월의 복무를 마친 작은아들도 다시 보스턴으로 가서 2학년 복학을 했다. 아들이 4학년 마지막 시험을 마치고 좀 쉬고 싶다는 마음을 가진다. 하지만 그 아이는 마음을 바꾸어 헤어지자고 통보를 한 것이다. 물론 나에게도 장문의 편지를 남겨

두고 곁을 떠나는 것을 아쉬워했다. 아들의 마음이 얼마나 공허하였을지 멀리서 도움이 되지 못해 안타깝기도 했다.

그 아이는 자기의 모자람을 더 채우지 못한 것을 책하면서 더 알찬 사람이 되어 찾아오면 받아 주시겠냐고 한다. 나는 남녀관계란 알 수 없는 일이란 생각이 들어 어떤 얘기도 할 수 없었다. 긴 문자로 위로 내지는 원망이랄까. 인연이 아니면 마음이 멀어지는 것이겠지. 항상 누구를 만나더라도 따뜻한 마음을 가지고 살아가라고 한 것이 전부이다. 인간은 누구나 인연이 있어야 짝이 되는가 싶다.

인간의 종과 생각의 차이도 가지각색이다. 백색, 황색, 흑색 인종이 그렇다. 황색 인종을 지녔다는 것이 정말 다행인 것 같다. 중간톤의 황색종이 아담하고 건강하며 생활력이 강해 보인다. 백색은 어딘지 무르게 보이고 흑색은 너무 강하게 보여 위압감이 든다. 하지만 인종에 따라서는 나름대로 장점이 있다.

사람은 생각하기에 따라서 행복하고 불행하게 되는 것이다. 많이 가졌다고 해서 행복한 것은 아니다. 나에게 작게 주어지더라도 크게 받아들이면 만족스러운 행복이 된다. 아무리 많은 것을 안겨 줄지라도 내가 그것을 적게 받아들인다면 그것은 분명히 행복이 될 수 없다. 불행의 씨앗이 되지 않을까 싶다. 살아가면서 내게 주어진 작은 몫일지라도 너그럽게 대처할 줄 아는 것이 아름다운 미美가 된다.

미나리

미나리는 아무 곳이나 뿌리만 닿으면 싹이 돋아 오른다. 물컵이나 큼직한 함지박에도 뿌리만 넣으면 싹이 솟아난다. 사람이 수월하게 대할 수 있는 성품에 비유해 본다.

봄이 되면 미식가에게 먼저 알려주는 것이 미나리인 것 같다. 시누님의 밭에 흐르는 작은 실개천이 흐른다. 올망졸망 새싹을 틔우며 올라오는 미나리가 향이 좋았다. 올해도 시누님이 낫으로 한가득 싹둑 베어주는 미나리로 상큼한 봄맛을 안아 본다.

미나리는 번식이 아주 좋다. 밭 아래 사시사철 바위에서 물이 흘러나온다. 미나리를 그곳에다 옮겨 심는다. 물이 고이게 흙을 고르고 돌멩이로 둘레를 만들었다. 영락없는 미나리꽝이 된다. 미나리 모종을 한 삽 떠와서 고추 모종 심듯이 줄을 지어 심는다. 수월케 살아나고 새순이 오른다. 봄날이 깊어지니 미나리들이 풍성하게 한 밭으로 가득하였다.

미나리는 생으로 초장에 찍어 먹기도 하고 데쳐 무쳐 먹기도 한다. 돌나물과 물김치 담글 때는 아주 궁합이 잘 맞는다. 상큼하면서 향이 좋아 많은 사람이 즐기는 식자재이다. 이번에는 다시 미나리꽝을 새로 말끔히 정비했다. 지난여름 큰비에 미나리들이 유실이 많고 아무렇게나 심겨 있고 잡초들이 무성히 어우러져 있다. 정성이 깃든 밭으로 다듬어 보았다.

경북 청도군 청도에는 한재 미나리로 많은 관광객이 성시를 이룬다. 한재 미나리는 한재천의 맑은 물과 공기로 재배한다고 한다. 미나리는 삼겹살을 구워 쌈장에 곁들여 먹는 게 봄의 향취를 느끼기에 으뜸이다. 2월 말이 지나자 가장 향이 짙으며 맛도 일품이다. 미식가들의 입맛 돋우기에는 흑돼지 삼겹살이 가장 특별한 메뉴로 인기 몰이한다.

미나리 요리 방법은 다양하다. 생오리구이덮개, 미나리비빔밥, 미나리전, 된장찌개도 한다. 제철이 다가오면 비닐하우스에서 각종 반찬을 준비하여 가족이 모여 미나리를 쌈장에 찍어 먹는 걸 즐기는 사람들이 많다. 올해도 굉장하였다 한다.

양산 언양의 미나리는 물기 없는 마른 땅에서 미나리를 키운다는 것이다. 옛날에는 미나리 키우는 곳에는 거머리가 많아서 데쳐서 먹는 경우가 많았다. 요즈음에는 수리 시설이나 하우스의 발달로 깨끗하고 신선한 미나리를 공급받고 있다.

미나리의 효능은 혈액을 맑게 한다. 비타민과 무기질도 풍부하여 체내 중금속을 흡수하여 체외로 배출시키는 역할도 한다. 성인병 예방으로 칼륨이 많아 혈압을 낮추어 주고 골다공증 예방에 효능도 있다. 숙취 해소에 비타민이 풍부하여 간을 해독하는 데 도움을 준다. 또는 미나리는 알칼리성 식품으로서 빈혈 예방이나 변비를 개선해주며 칼로리가 낮아 다이어트 식품으로 선호도가 많아지고 있다.

모든 식품이나 식물에도 장점이 있으면 단점이 있게 마련이다. 미나리는 찬 성질이 있어 체질이 차가운 사람은 많이 먹게 되면 설사나 복통을 일으키는 경우가 있어 주의가 필요하기도 하다.

미나리의 일화로 조선 시대에는 진사 합격해 성균관에서 공부하는 것을 채근采芹이라고 했다. 이는 '미나리를 뜯는다.'는 뜻으로 훌륭한 인재를 발굴해 키운다는 의미다. 훌륭한 인재로 성장해 주기를 바라는 뜻에서 집집이 미나리를 길렀다 한다. 이는 ≪시경≫에 이르기를 '반수泮水에서 미나리를 뜯는다.'고 한 말로서 많은 사람 중에 훌륭한 인재를 골라 제자로 삼았다는 뜻이라 한다.

내가 결혼할 때쯤 되었을 때, 어른들이 이르는 말씀에서 혼인날을 정해두고 '꿈속에서 미나리꽝이 보이면 그 부부는 살림이 늘어나며 아주 부자로 살아간다.'고 하는 것을 들은 적이 있다. 미나리가 인재양성을 하는 데 쓰였다는 것이나 부를 상징하는 것에는 필시 연관이 있지 않을까 싶다.

봄 미나리가 다른 채소에 비교해 독특한 향기와 풍미가 있어 나른해지는 봄의 식탁에는 제격이 아닐까. 입맛이 없으면 식욕을 살려주며 비타민이 풍부해 춘곤증을 없애는 데도 도움을 준다.

미나리가 자라는 것을 지켜본다. 봄이 되어 2~3월경까지는 한 가닥으로 부드럽게 올라와 신선함을 준다. 날씨가 더워지기 시작하면 이내 가지가 벌어지면서 꽃대가 올라온다. 꽃이 하얗게 몽글몽글 뭉쳐서 멀리서 보면 옥수수 튀겨놓은 듯도 하다. '봄 미나리가 아무리 맛있는 제철 음식이라도 여름 미나리는 먹을 것이 못 된다.'는 말도 있다. 여름 미나리는 봄 미나리에 비교할 것이 못 된다는 것이다.

돌나물에 미나리 동동 띄운 물김치가 눈앞에서 어른거린다.

돼지감자

엄동설한에 곡괭이와 소쿠리를 준비하고 계곡이 있는 언저리로 내려간다. 한여름 따가운 햇볕에 오므렸다 펼쳤다 겨우 살아난 잎사귀들. 물이 닿을 수 없는 곳에는 대가 말라서 아무렇게나 쓰러져 이리저리 누워있다. 잎이 크고 줄기가 세어서 완전히 마르기까지는 온도가 내려가는 한겨울이 제격이다.

꽁꽁 얼었다. 호미로 파기에는 역부족이다. 곡괭이로 파고 호미로 고르면서 파 올린다. 둥글둥글 감자도 아닌 것이 생강을 연상한다. 마음씨 고운 후덕한 시골 아낙네를 닮았다고 할까. 조직이 부드럽고 보얀 우윳빛이며 색상은 연한 자색이다. 농기구가 닿기만 해도 쪼여서 부러진다. 주로 땅속 20~40cm 정도에 뿌리가 깊게 있어 영하의 날씨에도 얼지 않은 강인한 식물이다.

원산지가 북아메리카로서 국화과에 속한다. 뚱딴지 또는 대감이라고도 불린다. 여러해살이로 아무 곳이나 잘 자란다. 줄기가 크고 잎이 넓적하다. 잎 뒷면에는 유심히 살펴보니 까칠까칠하여 손에 부담을 주기도 한다. 다른 식물들의 그늘도 된다. 대신 무성히 크는 잡초들을 자라지 못하게 막아준다.

종류에는 미색과 자색이 있다. 근간에 들어 자양분이 성인병을 지키는 효자 역할을 한다. 특히 자색이 이눌린과 폴리페놀 성분이 많이 있어 콜레스테롤 수치를 낮게 하고, 혈관질환이 되는 동맥경화, 뇌졸중, 고지혈증 등을 예방해 주는 성분도 있다. 또한, 대장암 예방에도 도움을 준다나.

잘게 썰어서 말린다. 볶아서 끓이기도 하고 갈아서 죽을 쑤기도 한다. 깍두기도 담그고 전으로 구워 먹기도 한다. 특유의 맛으로 간단한 요기로 생뚱맞다고 할까. 특히 당뇨병의 예방이 되며 장 건강에는 장내 정상 세균이 생존하기 좋은 환경을 만들기도 한다. 변비나 과민대장증후군 질환에 효능이 많다. 이것의 성분이 이렇게 건강에 유익한 것을 진작 알았더라면 좀 더 유용하게 쓰이지 않았을까.

어떤 곳에서도 번식을 잘한다. 논이나 밭 언저리에서도 풍성하게 잘 자란다. 그런다고 그렇게 반기면서 거두어 주는 식물도 아니다.

언제부터인가 사랑을 받는 식물이다. 만병의 효력이 되는 특효가 있음이다.

냇가 밭 언저리에 널따랗게 줄지어 심어 놓은 것이 큰 수확을 얻었다. 추운 겨울이 되어도 얼지 않고 깊은 땅속에서 토실 몽실하고 싱싱한 돼지감자 캐기는 귀한 것을 얻는 기분이다. 장아찌도 담그고 깍두기도 담가 본다. 깍두기는 특이한 향이 나지 않을까 염려가 되기도 한다. 하지만 먹기에 어떤 거슬림도 없는 깍두기는 밑반찬으로 그만이다. 마치 무 깍두기를 씹는 맛으로 아삭아삭함이 있다. 식구들 반찬으로 젓가락이 바쁘게 한다. 장아찌는 심심하게 하여 장기간 밑반찬으로 인기가 좋다. 가까운 분들께 나눠 정이 오가는 선물도 되었다.

칼슘과 마그네슘 성분도 많아 뼈를 튼튼하게 하고 골다공증도 서서히 완화해 주는 역할도 한다. 마치 만병통치약이라도 된 듯도 하다. 모든 것은 장점이 있으면 단점이 있기 마련이다. 아무리 좋은 것이라도 과용을 하면 무리가 온다. 이것 역시 사람들이 속이 비었다거나 차게 해서 먹으면 혈압이 떨어지는 경우가 있어 주의를 요구하는 식품이기도 하다.

돼지감자는 감자나 고구마처럼 쉽게 손이 가는 식감은 아니다. 지역에 따라서는 젊은 사람들이 귀농하여 돼지감자를 심어 많은 수확을 올리고 있다. 다음 주말에는 파다 남은 돼지감자를 알뜰히 캐서 말려야겠다. 자양분의 소임이 되는 곳이 있을 테지. 다리가 아파

누워있는 큰시누님은 손주들이 장아찌를 잘 먹는다고 누누이 전화한다. 장아찌 담가서 한 통 갖다 드려야겠다.

돼지감자의 수확이 끝나가는 이월 말이다. 감자를 캐기 위해 호미를 들었다. 씨앗으로 남게 작은 것은 흙으로 묻어둔다. 다시 싹을 틔우기 위해 감자의 씨눈에서는 볼록한 몽우리가 돋보인다. 계절은 다시 찾아오고, 매화꽃의 하늘거림이 눈앞에 아른거린다. 벌써 밭 언저리에는 꽃 몽우리가 뭉쳐져 조만간에 꽃들이 터질 것 같다.

돼지감자는 홍매화, 청매화의 아름다운 꽃에 비교해 험상궂은 줄기 생김새의 반전으로 뚱딴지라는 별호가 따라다닌다. 추위가 가고 다시 봄이 오면 심지 않아도 태양을 찾아 싹을 틔울 것이다. 사월이 되니 쑥부쟁이가 새싹 틔워 오르듯이 감자 싹이 파릇파릇 온 밭을 메우고 있다.

시간

시간은 그 어떤 이도 잡을 수 없고 형체도 없다. 시간 속에는 즐거움이 있고 아픔도 있다. 낭만적인 느낌으로 흘러가기도 한다. 냉정할 때도 있고 때론 따뜻하게 감싸 주기도 한다. 포근할 때는 유유히 흐르는 강물과도 같다. 세파에 찌들어질 때는 원망의 밑거름이 될 수도 있다. 나 자신의 여유가 아름다움이 될 때는 행복함도 되지만 각박함이 느낄 때는 서러움도 되기도 한다.

무엇인가 베풀어 가는 일도 흐르는 시간 속에 이루어진다. 따뜻한 말 한마디가 커다란 기쁨이 되어 되돌아오기도 한다. 또한 차가운 말에 얼어붙는 마음이 될 때도 있다. 옆으로 조금만 움직여도 다른 사람의 움직임이 눈에 보이는 것이 시간이다. 시간은 보이지 않고 움직임도 없으며 아무 맞춤도 없이 흘러간다.

주변이 밝아지고 깨끗해지는 것도 흐르는 시간 속에 변함이 온다. 행복을 안겨 주고 기쁨을 느끼는 것도 주어진 환경의 시간에서 이루어진다. 꽃이 핀다는 것은 놀라운 생명의 신비이다. 시간이 흐를수록 향기로운 우주의 문은 열린다. 삶의 물기를 잉태해 주는 희망이 되는 것이다. 얼어붙은 겨울이 깊어 갈지라도 시곗바늘이 움직일 때마다 봄이 가까이 왔음을 느낀다. 꽃샘바람이 기승을 부린다. 그래도 봄은 우리에게 가까이 올 것이다. 피어나는 생명의 신비로움을 전해줄 것이기에.

사람은 새벽 시간에 많은 것을 생각한다. 반성하는 마음, 깨우치는 마음, 그리는 마음을, 그리고 자신의 부족한 마음을 채우자는 마음, 시간이 지남에 따라 겸손한 마음도 채워간다. 아침 시간은 맑고 이슬 빛깔과도 같다. 부드러운 말이 더욱 그렇게 느껴진다. 상큼한 시간의 부지런함에 겸손이 보인다면 그건 보람이다. 반면 부지런하기만 하고 겸손을 겸비하지 못했다면 주위를 헤치는 결과를 가져올 수도 있다. 최소한 시간의 보람을 가진다는 것은 생의 아름다움이다.

인간은 살면서 도전하는 미덕을 가진다. 꼭 성과만 얻기 위해서는 아니다. 최선을 다한다면 너그러운 도전을 배우게 되고 더 넓은 세계로 나가는 것을 앎이 중요한 것이다. 무無에서 유有를 만드는 창조 작업이 시간의 흐름 속에 있다. 위험과 시련이 따를지라도 용기와 진실이 부여한다면, 어둡고 습한 땅에서도 희망이라는 새로운 길이 조금씩 열려갈 것이라고 본다.

사람은 누구에게나 외로운 시간이 있다. 홀로 있다는 것보다는 외톨이로 여겨진다는 것이 더욱더 두려워진다. 혼자 있어서 외로운 것이 아니라 혼자 있지 못해서 외로운 것이다. 루소는 "사막에서 혼자 사는 것이 사람들 사이에서 혼자 사는 것보다 훨씬 덜 힘들다." 라고 말했다. 항상 사람들 사이에서 관계되는 시간을 가진다는 것은 외로운 대상이 되기도 한다. 주위가 아무도 없다면 외로움이 무언지 모르고 사는 것은 사람의 감정에 치우치는 시간의 흐름인 것 같다.

나는 흘러가는 구름 보며 지나온 과거가 저 멀리 있는 것처럼 보지나 않았는지. 달리는 말에 채찍질하듯 닦달하며 살아오지나 않았는지. 과거와 현재, 미래는 멀리 있는 것이 아니다. 서로 보람으로 보완하면서 상호 의존하는 것이 시간이 된다.

살면서 위대하고 원대한 꿈을 가져본 기회가 있었을 것이다. 그것이 이루어지면 본인은 말할 것도 없이 주위 사람들도 더 좋은 일이 되기도 한다. 지켜주는 내심의 고통이 따랐기 때문이다.

일상생활에 지칠 때가 많다. 가만히 있지 못하는 성미인지 할 것도 많고, 갈 때도 많고, 오라는 곳도 많아진다. 언젠가는 다 버리게 될 모둠인데 하나씩 줄여가면서 내 시간을 좀 도탑게 해야겠다.

누구나 가슴 떨리게 되는 순간을 경험한 적이 있을 것이다. 사랑스러운 말이나, 설렘의 순간, 온몸의 세포로 떨리게 하는 말, 흘러가는 시간 속에 삶의 풍요로움을 느끼며 거침없이 휘도는 미지로 자신들을 성숙시켜 간다. 시간의 존재가 소중해짐을 느낀다. 매사에 최선을 다하고 깨어 있는 마음으로 나 자신이 허둥대며 걷지 않는 한가한 시간 속에 살아가는 방법을 터득하고 싶다.

시간이 모자란다고 하여 자신을 혹사하고 살지나 않았는지, 되돌아봐진다.

그날부터

그는 지천명, 몇 년이 흐른 지금은 이순을 맞았다. 대체로 사회에선 자수성가自手成家한 사례이며 김해에서 중견기업을 하는 사업가이기도 하다.

어린 시절을 시골에서 자란 탓인지 몸에 밴 통뼈로 웬만한 일은 겁을 내지 않는다. 한동안 골프가 유행 바람이 일고 있을 때는 주말만 되며 집안의 만사를 제쳐놓고 골프에 미쳐 있었다. 가족들도 안중에 없을 정도이다. 온갖 집안의 길, 흉사는 아내의 차지이다.

취미로 무언가 한곳에 집중하다 보면 싫증이 나는 것인가 보다.

언제부터인가 미래에 대해 꿈을 가지기 시작한다. 취미가 아닌 실생활과 연속이 되는 것이다. 주 5일은 열심히 회사에서 직원들을 다독이며 경영을 하고 주말에는 변함없이 가는 곳, 흙의 사랑이다. 온천장에서 삼사십 분쯤, 일찌감치 전답 오륙백 평을 사두었다. 부모님이 계실 때부터 짓고 있었기 때문인지 조금은 쉽게 다가간다.

살면서 마음의 전환점轉換點이 되는 것이 이런 것인가 싶다. 본격적으로 주말농장을 꿈꾼다. 땅을 고를 수 있는 트랙터를 구매하고 온갖 농기구들을 사들인다. 지난 세월을 흙과는 담을 쌓고 살아온 터라 모든 것이 익숙지는 못하지만 '백문 불여일견'이라 들며 날며 지켜본 것이 큰 경험이 된다.

그렇게 시작한 것이 후에 고령화高嶺化시대에 발맞추어 소일거리로 지낼 것이라고 꿈에 젖는다. 내가 보기에도 그럴싸하다. 그는 변함없이 한 길의 선택이다. 거리마다 곳곳에서 벚꽃 망울들이 이제나저제나 순서를 기다리고 있다. 활짝 핀 종류의 벚나무도 여럿 보인다. 백년대계를 위해서 교육을 해야 하듯 지난날의 모습을 되돌아보는 데는 한 그루의 나무를 심는 것도 나쁘지는 않을 것 같다.

여러 해 밭을 남에게 의탁依託을 주었다. 한전旱田 농사를 지을 사람이 없어 다른 방도를 찾아야 한다. 이미 밭일을 할 어른들은 연세가 들어 땅을 놀려 놓아야 할 형편이다. 어느새 여러 해가 흘렀다. 젊은 사람들은 시내로 다 떠난다. 노인들만 농사일을 돌보다 돌아가시면 다른 분께 의탁을 준다. 그것마저도 되지 않으면 놀려 놓을 수밖에 없다. 기관에서는 그냥 두는 농가에는 벌금을 징수할 것이라 한다.

흙은 인간을 속이지 않는다. 뿌린 대로 거두는 것이다. 또한, 뿌려놓고 돌보지 않은 작물은 사람이 자기 자신을 돌보지 않고 건강을 잃어가는 것이나 진배없다. 지금부터 그 사람을 따라 내 생활은 아주 고달픔으로 이어지는 주말농장이 시작된다.

몇 년 전 돌아가신 어머니가 계실 때는 풀 한 포기 없이 줄을 지어 가꾸어 놓은 시금치랑 상추, 파, 마늘이 보기가 좋았는데 아무렇게나 뿌리지도 않은 잡초들이 무성히도 자라 있다. 안타까운 마음에 해보지도 않은 밭일을 열정만 가지고 호미로 잡초들을 깊게 파고 흙을 털고 햇볕에 말려 놓았다. 시간이 지나니 바싹바싹 타들어 가는 잡초들의 생명이 부질없어 보인다.

잡초일수록 더 튼튼하고 강건하게 깊이 뿌리 박혀 싱싱하게 자라는구나 하는 것을 보았다. 사람도 너무 고이고이 애지중지하는 것보다 무던히 지켜주며 더 강할 것이라는 생각이 든다.

잡초 뽑는 일에 열중하다 새싹으로 돋아나는 쑥들이 앙증스럽게 고개를 내밀고 있다. 어느새 좀 자란 쑥들은 도시의 아낙네들이 봉지를 들고 다니면서 캐어 간다. 밭 위로 넓은 대나무를 자르고 걷어내니 땅두릅 두 포기가 먹음직스럽게 피어올라 있다. 캐서 향기 나는 봄나물로 식탁에 오르게 해야겠다.

대나무는 번식력이 대단하다. 여기의 대나무들은 시누대山竹의 종류이다. 곳곳에 뿌리를 펼친다. 절개도 좋지만 아무런 필요성을 느낄 수 없는 잡초이다. 밭의 생태를 일그러지게 한다. 조상의 산소에까지 침범할지도 모른다. 대나무를 잘라내고 뿌리에 약을 뿌려서 제거한다. 옛날에는 대나무의 도움으로 수학여행도 가고 했는데 세월의 이기 속에 플라스틱의 공업화에 지고 말았다.

지금쯤 한전 작물로 푸름에 물들어야 할 밭들이 노인들의 연륜年輪과 세월이 많이 흘렀음을 느낀다. 황무지로 놓인 곳이 많다. 다른 사람들의 밭에도 벌금 내지 않으려고 듬성듬성 심어놓은 나무들이 보인다. 새싹들이 푸르게 올라오고 있는 단감나무와 엄나무, 두릅나무들이 온갖 주름을 잡는다. 세월이 흘러도 새싹 보는 마음의 변화는 예나 지금이나 다르지 않다. 단지 나무의 크기가 훨씬 자라나 있다는 것 외에는 다시 싹이 돋으며 꽃이 피고 낙엽지면서 엄동설한嚴冬雪寒을 맞을 것이다.

이후로 여러 작물을 심어 이웃의 지인들과도 나누어 먹고 자급자족하는 생활의 연속이 되고 있다. 쏠쏠한 재미를 느낄 때도 있지만, 주말을 기해서 직접 밭농사를 짓고 씨앗을 뿌리고 거두는 일이 예사롭지는 않다. 몸이 고달프고 힘에 부칠 때는 왜 이 일을 진작 말리지 않았을까 후회가 막심할 때도 있다.

골동품

옛날에는 골동骨董 또는 고완古玩이라 한 적이 있었으나 현재는 고미술품이란 용어로 애칭을 하고 있다. 골동품은 적어도 100년 정도의 시기가 지나고 예술적, 역사적 가치가 있다고 여겨지는 중요하고 희귀한 물건을 말함이다.

요즘에는 인간 골동품이 되는 경우이다. 출산장려 정책의 사고방식으로 저 출산 방지 정책이 무색하게 되고 있음을 실감한다. 우리나라도 언제부터인가 아들딸 구별 말고 둘만 낳아 잘 기르자, 한 가구 하나만 낳아 잘 기르자, 잘 기른 딸자식 열 아들 안 부럽다

등 온갖 출산정책이 도래되었던 것이 지난날의 허물이 되고 있다.

골동품 가게는 옛 민속품이나 생활용품으로 선인들의 손때가 묻은 고가구도 있고 세월을 잃어버린 낡은 시계, 카메라, 가전제품, 연대가 확실하지 않은 도자기나 고색이 짙은 고가구, 미술품 등 다양한 물건들이 다시 새 주인을 기다리고 있다. 박물관에서는 우리가 살아오면서 쉽게 접할 수 없는 진귀한 고가품의 골동품들을 진열하여 놓고 애호가들의 눈요기도 되고 고가로 팔려나가 새 주인을 만나기도 한다.

박물관에서만 볼 수 있다는 진귀품인 청동 조각의 작품, 또는 시골구석에서나 볼 수 있었던 고물에 불과한 인두나 다리미 수레바퀴나 문짝 등의 골동품도 진귀한 골동품이 되어 헐값으로 거래되어 진품이 되고 있다.

고물상에서는 오래된 물건들의 진가를 모르기 때문에 쉽게 헐값으로 취급될 수도 있는 일이다. 어딘가 골목길에 진열된 물건들도 한때는 누군가의 손길에서 애지중지 지켜주었던 것들이다. 오랜 세월 인간사와 희로애락의 한 시절을 보냈던 것들이지만, 볼품없는 중고시장에서 또 다른 새 주인을 맞으려 할 것이다.

차량처럼 굴러가던 수레바퀴도 어디엔가 골동품으로 자리 잡고, 이쪽저쪽 미닫이로 문풍지 바르며 길고 짧은 문양들이 선명하게 드러나는 문짝은 주로 환기를 막아주며 요긴하게 쓰였던 세월의 덫을 넘어 지난 향수를 느끼게도 한다.

인생 여정과 다름없는 물건들의 역경이 눈으로 가늠하는 고물들, 인간이 태어나서 실 한 올 걸치지 않은 알몸으로 태어나 어떤 식의 옷으로 갈아입는가에 따라서 골동 품격으로 여겨지기도 한다.

어떤 이는 아주 성공하여 출중한 인간사를 마치고 명품의 가치로 생을 마감하는 이도 있고, 어떤 이는 인간사의 소임이 무엇인지도 모르고 살다가 중도 하차하는 쓸모없는 물건에 비유되기도 하고, 어떤 이는 인간 명장이 될 것인데 아까운 인재가 되어 인생 마감이라고 안타까워하는 경우도 있다. 어떻게 살아가는 것이 명품 또는 골동품의 반려에 오르는 것인지는 개인 자신의 노력 여하에 달려 있지 않을까 한다.

또한 옛것들의 용도가 아주 귀한 장식용으로 팔려가는 것들을 보며 인간사의 현실을 바라보는 것 같아 여정을 생각하게도 한다. 현역에서 열심히 살아온 정년퇴직자들의 자기만의 인생경로가 본의 아니게 경매되는 물건으로 비유되어 전공과는 무관하게 단순노동으로 전전하게 되는 실제實際이며, 그나마 건강이 받쳐주는 때만이 가능하고 다시 일할 기회가 있다는 것만으로도 다행이라 여긴다.

값진 물건이라도 쓸 곳도, 쓰일 곳도 없는 경우도 있다. 인간의 인생경로가 이런 순간을 비유하여 아까운 시간만 허송하는 분들도 있다. 이는 다시 쓸 수 없는 중고품이나 진품인 골동품들이 진가를 인정받지 못하고 매장되는 것이나 진배없어 보인다.

내 주위에도 고가품 도자기 판매를 하면서 고관대작들을 대상으로 하여 인생을 진품으로 살아가는 분도 있다. 인생의 살맛을 알면서 살아오시는 분 같다. 현실은 정말 어려운 시기이다. 젊은 시절을 열정적으로 일을 하여 나라의 부흥을 일으킨 분들의 노후가 적잖은 나락으로 떨어져 할 일 없는 노인의 신세, 양지바른 허한 공원이나 쓸모없는 골동품으로 취급받으며 경로당에서 세월을 보내야 하는 안타까운 마음이다.

수명이 길어지면서 퇴직한 노인들의 아까운 기술이나 노하우가 인정될 수 있는 분들은 사회의 이곳저곳에서 체험과 경험들의 귀한 지식을 발휘하여 값지게 쓰일 수 있는 제도가 되었으면 생각해 본다. 젊었을 때 그 패기와 기량을 거울 삼아 성공도 하고 실패도 하여 쌓아 온 내공을 노후에 더욱더 가치 있는 활동을 할 수 있을 것이다.

사람의 가치는 현직에 있을 때보다 은퇴 이후에 더욱 빛을 보는 사람이 있지만, 그건 외국의 큰 업적을 이룬 사람들의 예외이며, 현시점에서 우리의 현실과는 동떨어진 경우인 것 같다. 큰일을 한 분들이 하나같이 영어囹圄의 신세가 되어 벗어날 수 없는 처지에 놓여 있어 안타깝기 그지없다.

요즘에는 살아오면서 겪는 것을 많이 접하고 바라보면서 내 삶의 기로를 생각하게도 한다. 여태까지는 고가품은 아닐지언정 명품에 도달하려고 밤낮으로 노력하면서 글쓰기에도 시간을 할애하고 있다.

지금부터라도 어떻게 살아가느냐에 따라서 값지고 훌륭한 골동품의 가치가 될 수 있다는 이치로 깨닫는다. 봄, 여름이 지나고, 풍성한 가을이 지나 겨울의 문턱을 걸어가고 있는 내 삶의 품값으로 준비해야 할 때인 것 같다.

기차역 추억

기차역은 많은 추억을 가진다. 교통이 수월치 않아 기차를 많이 이용한다. 기차역이 소담스럽고 아담하다. 많은 사람이 왕래하지 않는 두 개 면을 아우르는 좌천역이다. 나는 동래여고를 다녔다. 종착역은 항상 동래역이었다. 지금은 부산광역시 기장읍으로 승격하여 사람들의 왕래가 잦다. 또한, 교통수단의 종류가 많아짐으로써 역의 역할이 분산되고 있다.

도시로 갈 때면 항상 그 역을 거쳐야 한다. 친정아버지는 글이 짧았기 때문에 사서가 필요하면 딸을 번갈아 가면서 비서로 데리고 다니셨다. 시계가 변변치 못하여 자주 오지 않는 기차 시간에 맞추려면 일찌감치 가서 기다려야 한다.

기찻길 가장자리는 별이 어우러지고 접시꽃이 인기척을 밝히고, 봉숭아꽃도 상기할 즈음. 자취생의 취약점을 안고 책가방과 쌀, 반찬을 들고 기차를 탄다. 반찬이라야 간단한 김치와 무장아찌가 전부이었지만, 그때는 내 인생에서 얼마나 아까운 시간인 줄도 몰랐다. 내 꿈과 동반하는 기차를 한없이 그 역에서 기다리곤 하였다.

기차는 내 가슴의 그리움을 만들어 주고 누군가가 기다리기나 한 듯, 멀리서 기적을 울리며 달려올 때는 번쩍거리는 두 개의 눈알이 애써 기다린 보람을 주기도 한다. 가까이 올수록 기차의 머리통은 크게 보이고 가늘었던 기차 꼬리도 선명하게 보인다. 기차 안은 상기된 마음만큼이나 가득히 싣고 내 앞에서 멈춘다. 비좁은 틈을 가로질러 발만 얹으면 출발이다.

기차에는 큰 풍채를 비교해 미세하게 돌아가는 얽히고설킨 부속의 밑둥치를 바라본다. 아주 기이하게 보였다. 저것 중에 어느 하나라도 빠지면 이 기차는 달릴 수가 없겠구나 싶다. 하물며 사람의 인체 기관도 어느 하나라도 빠지면 제구실을 할 수 없어 병이 나게 되는 것과 같은 이치다.

지난날의 기억이다. 직장의 상사가 이해심이 부족하였던지 여직원들의 일과가 고달팠다. 여린 여직원들이 눈물을 흘리면서 업무를 해야 했다. 언니로서 성격이 곧은 나는 차마 견딜 수가 없었다. 하루는 상부에 고충을 내리라 마음먹었다. 창구에 고객이 다 돌아간 후 드릴 말씀이 있다 하고 상관의 사무실로 들어갔다. 다 듣기도 전에 고함부터 지르는 게 아닌가. 맞장구를 쳤다. 내 소리가 얼마나 컸던지 사무실이 쩌렁쩌렁했다. 그때 상관에게 비행기의 원리로 예를 들었다. "하늘에 떠다니는 비행기도 하물며 부속 하나가 없으면 날지를 못하는 것입니다." 하여 이 사무실에 여직원의 업무가 얼마나 큰 몫을 차지한다는 것을 왜 모르시냐고 했다.

그분은 정년을 이내 앞두고 있었고 따님도 있고 며느님도 있었다. 여기 여직원도 모두가 집에 가면 귀한 집 딸들이고 며느리들이라고 나의 고함도 컸다. 다른 직원들은 겁에 질려서 어떤 것도 못하고 조용했다. 한 직원이 청에서 급한 전화가 왔다면서 나를 불러내었다. 안정을 찾고 조금 있으니 상관은 다시 나를 불렀다. 편히 앉으라고 했다. 그때야 상관은 "자네가 나를 이해하지 않으면 누가 할 수 있겠어. 내 열 손가락 깨물어 아프지 않은 것이 있겠나." 하면서 나를 달랬다. 그렇게 생각하신다면 제가 잘못했고 죄송하다고 했다.

나는 그때 공직생활 10년의 경력, 결혼하여 3년 만에 큰아이를 가져 4개월쯤 되었다. 그 후로는 사무실 분위기가 아주 좋아졌다. 더는 울고 지내는 여린 여직원도 없었다. 여직원들이 연이어 출산휴직을 해야 하는 처지였다. 큰아이를 낳고서 한 달쯤 되어 편안하게 유종의 미를 거두고 퇴직을 했다. 그분은 남성 우월주의자이셨지만 마음은 깊었던 것 같다. 이미 고인이 되셨고 사람도 기계의 부속만큼이나 개개의 중요성이 있다는 것을 말하고 싶다.

어머니가 해 주신 교훈도 생각이 난다. 학생이 많지 않던 시절, 시골의 어느 남학생이 교복으로 망토를 걸치고 쌀가마니를 지게에 진 아버지와 기차역을 가게 되었다. 역에서 망토를 걸친 한 학우를 만난다. 그 남학생은 학우에게 아버지를 소개하였다. 우리 집 머슴이라고, 아버지의 마음을 헤아리지 못한 아들은 가정에서의 지존인 아버지의 심경에 불을 질렀다. 그날 이후로 아버지는 아들에게 학비를 중단하고 일절 도움을 주지 않았다고 한다. 기차역만 가게 되면 생각이 난다.

어머니는 이런 추억으로 도시에 나가 공부하는 우리 형제들에게 교훈을 주었다. 작금에까지 새기면서 잘 살아갈 수 있는 것도 어머니의 그 교훈이 많은 도움이 되었으리라. 그 후로 망토 학생의 인생은 어떻게 되었을까? 지금까지도 살아오면서 내내 생각으로 꼬리를 문다.

철길에서 지난날의 추억도 떠오른다. 두서너 갈래로 얽히어 한 갈래로 찾아 들어가는 도시의 철길과는 사뭇 다르다. 간이역에서만 볼 수 있는 거무칙칙한 침묵으로 녹슬고 빛바랜 기찻길, 앙상하게 엿가락처럼 가늘게 늘어진 철길은 예전의 추억을 만들기에는 충분한 여운을 남긴다.

또한, 기차역은 이별과 상봉의 교차이다. 멀리 헤어져 있다가 만나는 반가운 곳이다. 두 번 다시 만날 수 없는 아픔의 곳이기도 하다. 예전에는 기차역에서 이산가족이 많이 있었다고 한다. 세월이 흘러서도 지워지지 않는 상처가 되었으리라.

어딘가에 간직한 그리움을 담고, 떨쳐 버리고 행복해하는 사람이 있는가 하면 실의에 빠져 무작정 기차에 오르는 사람, 그 모두는 의자에 기대기만 하면 다 편안해지는 것은 똑같다. 이내 잠들어 버리기도 한다. 의자는 그 마음을 알기나 한 듯 편안하게 받쳐준다. 기차는 온갖 사연을 싣고 달린다. 생업을 위해 바삐 타고 내리기도 한다. 한가하게 여행을 즐기고 오가는 사람도 있다.

꿈속에서 잠깐 헤매다 일어나면 옆 사람과 아직 통성명도 하지 않았는데 또 다른 사람이 바뀌어 있다. 생활의 변화무쌍이다. 오르고 내릴 때마다 찾아오는 슬픔과 기쁨도 함께 가져가고 가져온다. 밀고 당기고 채우고 비움도 여러 번 하다 보면 종착역에 이른다. 그럼 기차는 또다시 처음처럼 반복한다. 인간의 삶 역경과도 흡사하다.

한편은, 애잔한 이별이다

며칠 새 애써 감추려고 들지만, 마음 한구석이 애잔하다. 오면 반갑고 가면 더 반갑다는 어처구니없는 말도 있다. 둘째 아들이 10년이 넘게 미국에서 공부하고 잔뼈가 굵어져 고국으로 돌아왔다. 그동안 군 복무도 마치고 다시 복학하여 학위를 마쳤다. 자국의 시민권자가 아니라는 이유로 취업을 만류하고 국내에서 취업의 문을 두드려야 했다.

우리 아이들이 그 나라의 유학이 끝머리가 아닐까 싶다. 그곳 교육 성향과 우리의 성향은 다른 것이 많다는 것을 아들이 돌아와서야 알았다. 우리 성향에 맞게 좀 더 훈련되어야 한다는 것이다.

많은 세월에 부모 떨어져 살아온 흔적이 너무나 절절하다. 손수 해 먹으니 제대로 먹지 못하고 보스턴이 추워서 고생을 많이 한 것 같다. 몸은 위축되고 몰골이 말이 아니다. 간간이 공부하다가도 내가 누구인가, 내가 왜 여기서 이럴까 하는 생각에 눈시울이 뜨거워진 경우도 있었다고 한다.

고국의 부모님 생각에 이를 악물고 노력했다면서 지난날을 추억처럼 얘기한다. 또한 엄마로서도 길의 선택이 옳았는지 멀리 둔 자식 걱정에 마음은 언제나 그곳에 가 있었다. 젊을 때 노력이 성공될 것이라고 오직 한 길의 선택 조건이 된 것이다.

우선 건강을 회복하려면 운동하고 잘 먹어야 했다. 시간이 지나니 마음이 편해지는지 몸이 유연해지고 살이 찌면서 회복되었다. 경력자를 찾는 기업이 많다. 아직은 졸업한 지 얼마 되지 않아 부산 근교의 호텔에서 정직으로 일을 했다. 회사는 많이 아쉬워하지만, 그 아이만의 인생길이 있기에 1년 2개월 동안 여러 일을 배우고 퇴직을 했다.

한 길을 선택해야 하는 갈림길에 섰다. 취업하느냐 다시 공부하느냐다. 항공 회사에 합격의 문을 두드렸지만, 주위에서는 공부는 때가 있는 것이라고 만류를 한다. 학교에서 많이 우수했다고 한 과목이 회계학이었다. 직장을 다니면서 두 마리 토끼를 잡기에는 무리인 것 같다. 결국 학원으로 결정을 내렸다. 이후 6개월의 사투

끝에 미국 공인회계사(AICPA) 시험에 합격했다. 유례없는 단시일 합격의 영광을 안았다. 큰 고생 했다고 안아 주었다.

고국에 와서 1년 반, 그동안 함께 못한 아버지와의 정도 두툼하게 쌓았고 부자지간에 대작對酌하면서 많은 대화도 나누었다. 국내외 여러 곳의 명소도 다녀왔다. 아들을 멀리 보낸 아버지는 항상 자식이 커 가는 모습을 지켜보지 못해 마음 한구석이 허전함을 감추지 못했다.

어느 날, 아버지가 아들과 함께 beer 가게를 갔다. 종업원이 와서 살짝 묻는다. 사장님 모시고 한잔하러 오셨냐고 하더란다. 사장님이 아니고 저의 아버지십니다. 하니 요즘 청년들은 아버지랑 대면도 잘하지 않으려는데 좀 의아해하더라고 했다. 언제 또다시 이런 기회가 자주 있을지 보람 있는 시간이었다.

호주의 직장에서 서울로 옮긴 형이 안정된 직장을 잡으면서 왕십리에 조그마한 오피스텔을 계약했다. 동생과 함께 갔다. 큰아들에게는 고맙고 든든했다. 작은아들에게는 인생의 갈림길에 부딪혀 있으니 힘을 내라고 했다. 그리고는 이사 가는 것처럼 본인의 모든 소지품을 챙긴다. 오랜 기간 텅 비어 있다가 한동안은 꽉 차더니 다시 텅 비게 되었다.

비록 이국이 아닌 같은 하늘 아래 있다는 것만으로도 마음은 편안했지만, 무언가 잡다 만 것처럼 내 손이 허전함은 작은 이별이 애잔함일까. 주위 분들의 자식 논함에 잘난 자식을 두어 학교 졸업하고 취직하니 바로 결혼하겠다고 하여, 자식 사랑 한 번 차지하지 못했다고 아쉬워한다. 나는 못난 자식을 두었는지 결혼은 아직 물론이고 용돈까지 챙겨주니, 자식 사랑까지 받아보고 결혼을 하면 하는 바람이다.

조크에는 아들 잘 키워 놓으면 나라 자식이고 돈 잘 벌면 장모 자식이라고 한다. 그만큼 자기의 뿌리에 대한 자부심이 줄어들고 있다는 증거이다. 우리 아들이라고 예외는 아니겠지. 일찌감치 마음을 비우고 익어가는 삶을 준비해야겠다는 생각을 해 본다.

여성 상위시대라고 하지만 변하지 말아야 하는 것은 보전하고 고쳐가면서 하는 게 옳지 않을까 하는 아쉬움도 앞선다. 세월의 변화에 장사壯士 없다지만 그래도 아름답고 현명한 여성들이 많다는 것에도 미련은 없지 않다.

누구나 내 자식만은 그러지 않기를 바라면서 지켜본다. 나 또한 그러하다. 부모 마음은 작은 이별이었지만, 두 형제는 서로 울이 되는가 싶다. 둘째가 형님을 많이 챙기고 땀 흘리게 운동을 종용하면서 요리까지 좀 더 나은 것 같다. 둘 다 이국 생활을 오래 한 탓인지 요리하고 먹거리 챙기는 것에는 능수능란하다. 남자가 이러면 요리에 서툰 배우자를 만난다는 지난날의 말이 있다. 그 또한 운명인 양 살아갈 것으로 본다.

익숙지 못한 낯선 도시 직장생활에 서로가 마주치는 경우도 쉽지 않을 것이다. 배웠던 지식을 헌납하는 사회인이 되어 대도를 걷기

간절히 소원한다. 나는 서둘러 좋아하는 찬거리며 요리를 만들어 우체국에 특별 수송해야겠다.

분리수거장

분리수거장에는 네모난 것, 세모난 것, 우그러진 것, 찌그러진 것, 둥근 것 등 가지각색이다. 옷가지며 파지의 전시장은 그나마 둥근 전시장에 속한다. 의식주 속에는 여러 분야의 전시장이 열거한다. 인구가 줄어들면서 빈집이 많아져 철거하고 대형 아파트를 짓겠다고 공사를 하는 주거에도 분리수거가 있다.

문화시민이 되고 좋은 주거가 되려면 재활용 분리수거가 잘 이루어지는 곳이 살기 좋은 주거 환경이 된다. 아무도 하지 않으려고 하는 분리수거장, 갈 때마다 변함없이 그곳에 있는 여든이 가까워 보이는 노인이 있다. 젊은 분들이 아무렇게나 던지고 가기도 하는 분리수거장, 불평 없이 정리하고 치우는 그분이 아주 인상 깊다.

그분은 신장이 자그마하고 날렵하면서 조금은 등이 굽어 있다. 젊었을 때는 일을 많이 하신 것 같다. 몇 번인가 그분을 만날 수 있어 하루는 넌지시 여쭈어보았다. 궂은일을 마다치 않으시기에 구청에서 보조를 받으시냐고? 또는 아파트 자체에서 보조해 드리느냐고? 여쭈었다. 하지만 그 어느 것도 아니라고 하셨다. 그냥 이 아파트에 사는 주민이라고 한다. 박스나 병이 나오면 팔면 도움이 된다고 했다.

조금은 의구심이 든다. 날개 없는 천사인가. 저녁이 되면 계단이 있는 넓은 분리수거장에 내려가기가 조금은 으슥하기도 하고 난감한 때도 있다. 그분은 주부들의 그런 심정을 아시는지 카세트로 구수하게 흘러나오는 옛 노래를 틀어놓고 네모, 세모, 둥근 것의 전시장을 정리하고 주위 바닥을 말끔하게 물로 씻어 비질한다. 그로부터 여러 번을 목격했다.

싫은 것 억지로 하는 경우는 더욱더 아니었다. 진지한 모습으로 보이는 노인이 자꾸만 눈에 아른거린다. 하루는 그분에게 말을 걸고는 사진을 좀 찍어도 되겠냐고 물었다. 한사코 찍지 말라고 하면서 뒤로 돌아서 고개를 숙여 버린다. 내가 좋아서 하는데 뭘 그러시냐고 한다. 어쩔 수 없어 뒤돌아 허리 굽혀 있는 모습을 찍었다.

지금에도 형편이 어려워서 상자를 모으고 병을 거둬들여 날품을 벌어가는 어른들이 부지기수다. 분리수거장 문이 열려 있으면 빈병이나 상자를 거둬들여 가는 모습이 자주 눈에 띄었다. 요즘 들어 빈병 수거에 혈안이 되고 있다. 종일 파지를 모아야 몇 천 원도 안 되는 수입이었는데 소주병, 맥주병에 돈을 돌려주기 때문이다. 이것 또한 얼마나 갈 것인지 의문이 된다. 어려운 환경의 그분들이 우리 사회의 어두운 단면들을 볼 수 있는 청사진이 된다.

몸이 바르고 성한 사람들도 쉽게 할 수 없는 일을 자발적으로 한다는 것은 그 어떤 마음의 의지가 없으면 쉽지 않을 것 같다. 왜 그 일을 할 수밖에 없는지 알 수는 없지만 그렇다고 더는 상세히 물을 수도 없다.

대형 아파트이지만 재활용 분리수거는 많은 햇수가 지났건만 아직도 시민의식이 부족한 탓인지 분리를 제대로 하지 않고 아무렇게나 던져버리는 등 의식이 부족한 사람들이 많다. 우리 스스로 하나씩 고치면 굳이 수고하는 분이 없어도 되지 않을까 싶다.

요즘에는 주부들이 바쁘고 어린아이를 가진 주부들은 아이를 대동하고 내려오기가 힘도 들고 쉽지는 않다. 그러다 보니 젊은 아빠들이 음식 쓰레기나 분리수거를 도와주는 가사분담을 하는 가정이 많다.

같은 층 80평에 사는 갓 결혼한 젊은 새댁의 남편을 승강기에서 만났다. 가사분담으로 저녁 설거지나 분리수거는 당연한 담당으로 한다면서 "그런 것 안 해주면 큰일 납니다." 하는 것을 듣고는 세월의 변화가 남성들의 기를 꺾고 있음을 볼 수 있었다. 지난날 힘없었던 여성들의 설움이 복수로 비치고 있지나 않은지 아들이 둘 있는 나로서는 심히 걱정이 앞서는 데는 어쩔 수가 없다.

오늘도 날개 없는 천사의 허름한 카세트 라디오에서는 나훈아의 〈무시로〉로 구수한 옛 노래를 들으면서 말끔히 치워진 분리수거장을 정리하고 있을 그분을 만나보는 마음의 여유를 부려본다. 어딘지 모르게 마음의 천사 같은 그분이 눈에 어른거려 마음 한 자락에 똬리를 틀어 들어앉는다. 따뜻하게 데워진 우유 한 병을 들고 분리수거장에 갔다. 나를 모를 것이라 생각하고 우유를 드리니까 아주 기억을 잘하신다.

또 한 해 한 장의 달력으로 장식하고 있다. 가까운 이웃들을 되돌아보는 기회가 다가오면서 꼭 세밑이 아니더라도 그분들을 안아 줄 줄 아는 너그러움을 나타내며 살아가는 내가 되어야겠다는 다짐을 해 본다.

삼라만상森羅萬象

과천의 국립현대 미술관은 전통과 현대의 조화를 이루는 공간으로 자연스럽고 아름다운 곳이다. 야외 조각장에서는 다양한 자연의 예술작품들을 배열하고 있다. 한국 현대미술이 살아 숨 쉬는 국립현대미술 과천관에서는 국내외 최고인 현대미술과 만남이 된다. 여기 미술관을 관람하고 나면 평소에 미술에 대한 미약한 지식이 조금은 채워질까 기대를 해 본다.

제1전시실에는 〈삼라만상〉, 〈새벽의 #3〉 외에도 운보 김기창의 조선 미술 전람회에서 입선한 〈정청〉은 화백이 첫사랑의 여인을 모델로 그린 작품이기도 하다. 동양부 특선을 차지한 김종현의 〈춘양春陽〉이 서민들의 풍속과 일상을 사실적 묘사와 강렬한 표현을 한 것도 볼 수 있다. 또한, 월북한 천재 화가 이쾌대의 〈여인 초상〉은 전쟁 중에 제작한 것으로 알려져 있다. 그는 이중섭, 김환기 등과 동시대 화가로 붓으로 그리면서도 물감으로 만들어 내는 재주를 갖춘 화가로 정평이 나 있다. 낯선 작가들의 이름에 의아해하면서 열심히 설명 듣고 촬영도 하고 내 마음에 들어오게 오감을 곤두세운다.

제2전시실을 이어 3, 4전시실을 관람하고 작가의 그림 하나하나에 새로운 의미를 가지고 신선한 충격을 안겨주는 것 같다. 여기서 묘계질서妙契疾書라는 단어가 뇌리를 스친다. 순간의 생각을 놓치지 않고 메모하는 습관을 이른다. 미술관을 관람하면서 순간순간 포착을 메모하라는 정성을 떠올린다. 도심 속의 국립현대미술관에서 현세에 살 때와 사후를 넘나드는 그림들을 보면서 현대미술의 다양함과 작가들의 무한한 표현 영역들을 보았다.

특히 화가 김환기의 〈새벽 #3〉 그림 앞에서 사진을 찍었다. 삼라만상전의 특별한 작품이다. 그림은 하늘색 배경에 점들을 박아 하늘과 땅의 미동을 보여주는 듯한 작품이다. 작은 점들을 찍어 화면을 가득 채운 점화로 그는 물감으로 그림을 만들어나가는 화가이다. 첨예한 화가라고 뇌리에 박혔다.

작품의 가격이 무릇 13억을 웃돈다. 김환기 화가의 미술관은 아내 김향안이 만들었다. 김향안은 이전에 시인 이상의 아내 변동림이다. 사람은 가고 없어도 이름은 세계 곳곳에 알려졌다. 옛 속담에 "사람은 죽으면 이름을 남기고 호랑이는 가죽을 남긴다."라는 말이 실감이 난다. 나는 그 그림 아래서 무엇을 생각하면서 서 있을까.

자신은 이생에 무엇을 남기고 갈까. 누구나 생각에 잠기는 시간이다. 한 번쯤은 고민에 빠져야겠다. 인간은 어떤 식으로라도 자신의 흔적 남기기를 좋아한다. 구석기시대의 벽화나 우리의 벽화로는 울산 남구 대곡리 암각화가 있다. 현시대는 카카오톡의 위력이랄까. 자신의 모든 행적을 올리면 어디서든 누구나 볼 수 있는 합동 행사장을 연상한다.

그의 아내 향안은 미술관 앞에다 '사람은 가고, 여기 그의 예술은 남다.'의 표지를 크게 나타내었다. 화가 김환기는 1974년 세상을 떠났다. 환기를 그리워하며 너는 가고 나 혼자서 이 벅찬 느낌을 소화한다. 그의 작품 노란 점을 가득 찍은 〈노란 점화〉는 낙찰가가 최고가로 63억 원의 가장 높은 경매 가격을 기록한다. 사후에 끝까지 환기를 내조한 보람이었다. 그림 값에 대한 환상이 깨어지고 있다.

화가는 생전에 피카소를 좋아했다. 자기의 강적이었고 현존하고 있음이 자신을 고무시켰다고 한다. 자기의 일에 박차를 가해주었고 우연히 대립하여 의욕을 가지게 되는 것은 그가 이끈 힘이었다고 했다. 이것이 아내 향안이 환기의 빈자리를 채울 수 없는 외로움이 있음을 알 수 있다.

강익중의 〈삼라만상〉은 우주 사이에 벌여 있는 온갖 사물과 모든 현상을 말하며, 작은 그림으로 큰 그림을 그리는 화가이다. 작은 캔버스에 한글, 풍경, 알파벳, 달 항아리를 그려 넣거나 포장한 대상을 결합하여, 큰 벽면을 가득 채우는 세계적 작가이다. 그의 대작인 〈삼라만상〉, 원통 안에 들어서면 현기증을 유발하는 세상만사가 관객들을 메우게 한다. 작품이 근대 시기의 중요 작품으로 전통을 지키는 구상 회화이다. 아무리 관찰을 해도 나의 의식으로는 이해성이 부족해지고 머리가 어지럽기만 했다. 마음에 들어오는 오감五感이 쪼들려서일까.

부산에서 서울의 거리, 국립현대미술관의 서울관, 과천관 덕수궁관 및 5개 전시실을 하루 만에 관람한다는 것은 쉽지는 않았다. 답사 동호회의 회장인 선배는 여러 가지에 매우 박식하다. 이미 버스 안에서 많은 것을 인지시키고 박물관 가이드를 통해 설명을 들으니 쪼들리는 오감일망정 역시 먼 거리의 헛수고는 아니었다.

4부

불꽃 하늘로 치솟다

불꽃놀이는 부산에서 해마다 치러진다. 광안리 모래사장이 진동하며 밤하늘에 수를 놓고 황홀하게 피고 지고 꽃바람처럼 사라진다. 장중하게 흐르는 음악의 서곡도 미끄러지듯 펴지는 꽃불도 이내 파도가 불러 저만치 가는 것 같다.

하루의 비밀

하계휴가철이다. 불볕더위를 피해 한적한 곳으로 떠난다. 아침부터 부산을 떤다. 며칠 집 비울 것을 예상하고 정리도 하고 아침 식사도 간단히 한다.

옷가지며 준비된 먹거리도 싸고 바삐 외지로 탈출한다. 칙칙한 장마가 거치면서 불볕더위가 기승을 부린다. 집안의 공기는 한증막을 방불케 한다. 며칠을 더 견디다가는 숨 막히는 날들이 계속될 것 같다. 둘이서 3박 4일은 얼마나 먹을 것인지 대충 준비한 것이 차량에 제법 수북하도록 싣는다.

이럴 때 가족이 함께라면 하는 아쉬움이 많아진다. 미국에 있는 아들한테 문자를 한다. 휴가를 가는데 너희가 없어서 신이 나지 않는다고 하니 다음번에는 노력하겠다고 하는 문자가 오고 편안한 휴가를 보내기로 한다.

밀리는 차들을 뒤로하고 고속도로에 오르니 모두 집에서 탈출하는지 형형색색 밀리는 차량으로 북새통이다. 달려온 거리가 1시간쯤 되어 한산한 언양의 마트에 들린다. 고기와 과일, 주류를 사고 오랜만의 분들과 재회의 회포를 풀어야겠다.

아뿔싸! 안전하게 세워둔 체어맨 차, 차체의 뒤꽁무니가 가라앉아 있는 것이 아닌가. 신속히 보험회사에 연락한다. 때는 휴가철이다. 찌는 듯이 더운 날씨에 이른 시각 마감을 하고 직원이 없다고 한다. 난감하기 이를 데가 없다. 얼음도 없이 넣은 음식이나 채소들이 더위에 변화가 있을 것 같다.

한참을 기다리니 견인차가 도착한다. 차량을 견인차에 싣고 우리는 견인차 앞좌석에 앉는다. 차량이 무엇이 이상이 있는지 수술대에 올라야 하는 순간이다. 차량의 수명이 얼마가 되는지 게이지에는 40만 킬로가 넘게 기록을 한다. 차량을 교체해야 하는 시기가 한참을 지났지만, 부속이 우수한 차량이라고 한사코 고집을 부리다 가끔 한 번씩 놀라게 하는 당황스러운 경우이다. 1만 킬로마다 점검하고 관리를 아주 잘하지만, 차량에도 낡아가는 신호를 주는 것 같다.

왔던 길을 도로 돌아 금정구 부곡동까지 가야 한다니, 그곳에 서비스 센터가 있다.

이렇게까지는 처음이다 보니 모든 생각을 바꾸어 처리하기로 마음을 다지니 불행 중의 다행이란 말이 머릿속을 스친다.

만일 고속도로를 달리다 그랬으면 어쩌나, 언양 산내 오르막길을 오르다 그랬으면 어쩌나, 머릿속이 아찔하기만 했다. 평소 낮은 승용차를 타다 두 배로 높이 오른 견인 트럭 차는 앞이 탁 틘 시야가 세상이 더 넓은 것 같다. 하지만 털썩거리는 차체의 흔들거림에는 불편한 것도 많았다. 큰 차를 운전하는 그분들의 심정을 이해하는 계기도 되었다. 마음을 바꾸니 평온한 하루가 된다.

차량은 서비스 센터에서 보관하고 다음 주에 찾기로 한다. 다른 차로 급히 짐들을 옮기고 왔던 길로 다시 돌아간다. 아침 일찍이 서두른 것이 오후 3시가 된다. 점심도 거른 시간이다. 긴장 속의 한나절이 배고픔도 잊어버린다.

모든 것은 마음먹기에 달린 것 같다. 부정을 긍정으로 바꾸니 하루는 평온하고 안전하게 도착지에 올 수 있었다. 찌는 듯의 도시 공기를 벗어나 신선한 공기와 시원한 산야의 내음이 주인을 맞이한다. 해는 뉘엿뉘엿 산등성이를 내릴까 말까. 이내 해거름이 된다.

한 끼를 주리고 난 식성은 참숯의 숯불구이 저녁이 산해진미가 따로 없다. 냄새에 민감한 주위를 맴도는 집 밖 고양이도 한 점 달라고 자꾸만 눈알을 굴려대고 있다. 얼마나 맛나게 먹던지 마치 한 식구가 된 듯하다. 휴가를 맞은 산내의 불나방들, 집집이 네온사인 불빛이 전에 없이 더욱더 휘황찬란하다. 집의 수호신으로 지키고 있는 모과나무는 여전히 주인 맞기에 싱글벙글 잎사귀들을 살랑인다.

앞집의 안 사장은 며칠째 휴가를 즐기고 있으면서 반색을 한다. 저녁이 되어 준비된 안줏거리를 들고 소담스러운 얘깃거리에 시간 가는 줄 모르고 늦은 시간까지 그곳의 정감에 푹 빠졌다.

그곳이 여름휴가철만 되면 많은 사람이 맑은 공기에 낭만을 찾는다. 어느 집 할 것 없이 저녁 늦도록 휘황한 불빛에 도란도란 이야기 소리만 들린다. 저녁 시간 산세의 정감에 어울려 더욱더 공명共鳴하기도 했다.

닥쳐오는 일은 알 수 없다. 긍정적으로 생각을 할 때는 마음이 편안하게 된다는 명언의 계기가 된 하루였다.

추억의 메모지

주막의 거리는 많은 추억과 전통을 살린다. 지난날의 주막에서 일어나는 어른들의 일상사가 새삼 생각이 난다. 물물 교환이 이루어지기도 하고 가산탕진을 하는 곳으로 술이나 놀음판이 이루어지기도 한 곳이다. 그 당시 농번기農繁期가 지나고 농한기農閑期가 되면 할 일이 없어진다. 우리 아버지는 놀음판에서 가산탕진한 분 중의 한 사람으로 늦게는 마음을 가다듬으시고 자식들의 교육에 열성을 가지시어 형제들이 시내로 유학의 길에 오를 수 있었다고 증명이 되고 있다.

시공간을 벗어나 어느 곳이든 집을 떠나는 날에는 먹고 쉬는 곳이 필요하다. 우리 조상들은 농업국으로서 여행지를 위한 시설은 낙후되어 있었다. 상업과 화폐가 만들어지면서 주막이라는 쉼터가 활성화되기 시작한다. 그때도 여행지에서는 음식을 팔고 숙박을 제공하게 되는 문화는 있었다. 세계 어느 나라를 막론하고 민가나 주막에서 유래하여 여관이 만들어지고 모텔에서 대형 호텔로 승격을 한다.

사극을 보고 있으면 주막에서의 탁주 한 사발 건네는 정이 우리의 문화인 양 정겹기만 하다. 봇짐 진 나그네들은 밥을 먹고 숙박을 한다. 밥값이 비싸며 대개는 잠자리는 그냥 자는 것이 미덕이 되는 시기도 있었다.

우리 남편은 어린 시절 탁주에 관한 추억이 많다. 예닐곱쯤 되었을 때 아버지가 주전자에 탁주를 사 오라고 심부름을 자주 시켰다고 한다. 힘이 부족한 아이는 주전자가 무겁고 힘이 들었다. 목이 마르면 탁주를 꿀꺽꿀꺽 마시고는 탁주 양이 적으면 계곡에 흐르는 물을 조금 타기도 한다. 아버지께 갖다 드리면 오늘은 왜 이리 탁주가 싱거우냐고 닦달을 하시기도 했다는 기억으로 그때 배운 술 실력이 어른이 되었어도 술 실력이 대단하시다. 그리고는 시간이 지남에 따라 취기가 오르면 아무 소리도 않고 그늘진 나무 아래서 잠을 청했다고 한다. 아버지는 그걸 아셨는지 모르셨는지 아직도 미지로 남는다고 한다. 그늘에 잠자는 아이를 가만히 두고만 보시더라고 했다.

60년대, 어릴 때를 기억한다. 우리 논에도 통일벼를 심었다. 식량 부족으로 알갱이가 많이 나는 통일벼를 심고 가을걷이를 한다. 통일벼는 굶주림을 해결한 벼로써 필리핀 국제미작연구소 IRRI (International Rice Research Institute)에서 개발한 기적의 볍씨라고 했다. IR-8을 모태로 하여 둥글고 찰진 자포니카 형 유카라와 푸석푸석한 인디카형 TN-1이라는 대만 재래품종을 교배한 것이다. IR-667이라는 통일벼로 명명한다. 농촌진흥청에 보급과 기술을 맡게 하고, 세계 최고의 수확기록을 세운 길이가 짧고 내냉성, 내병성을 육성한 알갱이가 많이 나는 품종이다. 다만 쌀이 찰기가 부족하다. 지금은 품질 좋고 영양가 많은 개량 쌀의 종류가 많이 연구되어 있다. 통일벼 쌀은 알갱이가 많기 때문에 나라가 어려운 유사시에나 쓸 수 있는 씨앗으로 국제 식량 기구에서 특수보관법으로 보관을 하는 품종으로 남아 있다고 한다.

집집이 누룩을 삼가고 술 빚는 가구들을 조사하러 오는 경우도 있었다. 먹을 것이 없는 일꾼들은 오직 곡주가 새참이었는데 그것마저 조사하고 벌금으로 징벌하니 때론 살짝 이용하는 경우도 가진다. 대밭이나 깊을 곳을 이용하여 조금씩 빚어 먹는 경우도 있었다.

시대의 변천에 따라 술 문화 또한 많이 달라졌다. 아낙이 술을 먹는 경우는 드물었다. 요즘은 지천으로 널려 있는 술 문화에 누구나 애주가의 모습이다. 흔하게 마실 수 있는 맥주를 비롯하여 우리의 음식에 꼭 있어야 하는 풍요로운 주류의 시대를 맞고 있다. 포도주 또한 건강에 좋은 평판도 가진다. 적당한 것은 건강을 회복되게 하고 주위를 행복하게 한다.

경북지방의 문경새재를 일러 주막의 원천이라 할 만큼 봇짐 지고 과거 보러 가는 선비들이 꼭 거쳐야 하는 길이다. 삭은 문틀을 밀쳐 삐걱거리는 문지방을 넘나들며 한숨처럼 보글거리는 술 익는 그곳, 바람처럼 흐르고 있다. 막걸리 한 잔 휘휘 저으며 골바람 같은 목을 축이며 허기를 보듬던 그 시대, 그 사람들의 생이 아득한 능선이 되어 정겹기만 하다.

지난날 여고 산악회 등반길에 올라 탁주 한 사발에 홍안이 되어 기수 친구들과 버스 뒤칸에 앉아 남모르게 졸았던 기억이 떠오른다. 합천 가야산伽倻山 등반을 하면서 돌무덤 헤치고 솔가지 사이로 떡갈잎에 묻힌다. 산이 떠나가도록 함박웃음 한 아름 추억을 안고 하산을 한다. 골목마다 간판으로 일행들을 유혹하면, 그 시간 누구도 그것을 뿌리치는 사람은 없다. 노랗게 물든 조 껍데기 술 한 사발에 누렇게 잘 구워진 파전은 힘든 산행의 피로는 순식간에 회복이 된다. 홍안이 된 모습에 신록이 울창한 계곡 따라 흐르는 합천 가야 소리길 해인사가 우리를 바라보고 있다. 용서하시겠지…….

마신 술 다듬어 아름다운 모습이 된다면 아무리 강조해도 지나칠 것은 없다.

개교 122주년

1세기를 훌쩍 지나간 생일을 맞이한다. 흰 국화 피듯 가을을 맞는 팔순의 선배들, 지난 여고 시절의 꿈을 펼쳐 보이기나 하듯 삼삼오오 할 얘기도 많다. 육백 명이 넘는 손님을 치른다는 것은 여간 번거로운 일이 아니다. 각자 맡은 담당을 빈틈없이 해야 순조롭게 진행이 된다.

동문이 둘러앉은 풍경이 형형색색 꽃구름을 보는 듯하다. 총동창회 동창들을 만나기 위해 전날부터 분주하게 단장을 했으리라. 두 해를 이 굴레에 헤엄을 치면서 사무국장이라는 중책을 맡았다. 이

번 행사의 하이라이트 사회자로서 보람이 있기까지는 힘든 일이 비일비재하다.

마이크를 손에 쥐자 알 수 없는 마음의 파도가 일기 시작한다. 자꾸만 손에서는 땀이 나고 온몸은 싸늘해짐을 느낀다. 목은 왜 그렇게 타고 물이 먹히는지, 내빈을 맞이하고 크게 환영한다.

콘텐츠에 따라 진행을 하면서 여의치 못한 일도 일어나고 노장 동문의 아집은 어찌나 당황스럽게도 하던지 굽 높은 구두에 온 힘이 쏠린다. 총회가 시작된 지 15분쯤 지났을까. 오랜 전통의 역사를 축하하기 위해 유명 인사가 출연하신다. 사회자의 입장으로서는 조금 미지적함을 느낀다. 공무가 바쁜 줄은 알지만, 축하장 행사에서는 수행원 또한 수행원의 본분으로 참석하실 때는 근접한 시간을 알려주어야 매끄러운 진행을 기대한다. 뜻하지 않은 상황에 적잖은 실망감을 안는다. 그 일로 인해 사회자에게 조금은 질책이 들어오기도 했다.

역사와 전통으로 장학금제도 또한 풍족하다. 재학생, 졸업생들의 장학금과 증서가 수여되면서 행사의 분위기는 점차로 고조되어 간다. 1부 행사가 길어지면서 사회자의 일은 바빠만 간다. 회장과 차기 신임 회장의 이 · 취임으로 총동창회기를 흔들면서 회기 이양을 한다.

동창회장이 그 많은 일정을 소화해 내기는 여간 어려운 일이 아니라는 것을 지켜보았다. 동래 재단에는 각가지 행사도 많다. 학생들은 언제 공부를 하는지 그래도 성적은 우수하다. 매년 진학하는 비율을 보면 서울로, 지방으로 곳곳 대학으로 흩어져 있다.

3·1절 기념, 3·1절 만세 기념행사, 모교 3·1 독립 만세 기념, 박차정 의사 탄신기념, 박차정 순국 73주년 추모식 등 다양한 행사들이 많다. 자부심을 가지고 일을 처리해야 할 것 같다.

동창회에는 동호회가 아주 활성화되고 있다. 동호회 회장을 맡은 역대 총동창회 회장과 선배들의 열정은 대단하다. 산악회, 골프회, 문화 답사회, 합창단, 또는 최근에는 난타 그룹을 만들어 또한 열렬히 공연하고 크리스마스에는 중앙동 미화당백화점 앞 무대에서 큰 행사를 치르는 일흔의 연배 동문의 열의는 한마음으로 난합하게 한다. 선후배의 서열이 뚜렷하여 호의를 받으면서 참가를 하신다. 평균 연륜이 예순다섯을 능가하는 동호회 동문이지만 여고 시절의 열정만큼이나 대단하다.

이어서 2부 행사에서는 MBC 노래 교실 이경 아나운서가 사회를 맡았다. 입담이 좋고 노래도 잘 부르는 사회자는 매끄럽게 진행을 한다. 졸업 60주년을 맞은 산수 동문, 50주년 고희 동문, 40주년 회갑 동문은 각기 오늘의 주인공으로 축하 케이크를 자르고 성대한 환영식으로 마무리한다.

올해 우리 기수는 회갑연을 맞이했다. 4월에 동기회에서 유럽 크로아티아를 여행하고 회갑연의 한마당 밸리댄스로 큰 성과를 보았다. 나는 맡은 중책도 있고 아픈 허리를 돌릴 수 없는 관계로 7명이

서너 달 전부터 매주 한 번씩 모여서 연습을 하고 잘해야 한다는 부담감을 안았다. 아직은 회갑연의 기수들은 싱그러워 보였다. 환호성이었다. 사방에서 플래시 터트리고 춤추는 친구들은 신들린 듯 흔들어 대니 행사장이 열기로 가득했다.

내일도 오늘만큼만 좋은 날이 되기를 바라는 행사장, 산악회 회원들의 '야호! 다 함께 댄스' 공연을 마치면서 전 동문의 마무리 행사를 한다. 홀에는 불이 꺼지고 아쉬움의 회포를 푼다. 누구 하나 뒤지지 않는 열광은 대단했다. 모두 일어나서 홀 전체를 둥글게 손에 손을 잡자 88올림픽의 그날이 떠오르기도 했다.

해마다 이어지는 행사이지만 집행을 맡아서 일하지 않으면 열광의 깊이는 조금은 달라지지 않을까 싶다. 오늘이 있기까지의 준비과정은 전 과정을 책임지고 있는 총동창회 회장님, 그리고 집행 임원들 그동안 힘들었지만 대단한 보람도 있으리라 보인다. 나 또한 대상포진도 앓아보고 우연히 신경 대수술도 겪으면서 조금은 불편한 몸이었지만 당당하게 사회자의 책임을 마무리하고 단상에서 내려오는 뿌듯함은 남다름이 되지 않았을까 보람도 되었다.

내년에도 그 후년에도 더 좋은 내일로 연결되어서 전통을 이어가는 선후배의 끈끈한 사랑의 빛이 되기를 바라는 마음이다.

불꽃 하늘로 치솟다

불꽃놀이는 부산에서 해마다 치러진다. 광안리 모래사장이 진동하며 밤하늘에 수를 놓고 황홀하게 피고 지고 꽃바람처럼 사라진다. 장중하게 흐르는 음악의 서곡도 미끄러지듯 퍼지는 꽃불도 이내 파도가 불러 저만치 가는 것 같다.

멀리 광안대교는 교만스러운 모습하고 그 자리에 장엄하게 서 있다. 아름다움에 극치를 지나 무례한 불꽃은 빨주노초파남보 빛깔로 사라지는 꽃말을 연상한다. 힘이 부딪힐 때는 광활하게 피어오르는 불꽃들을 연상해 본다. 뒤처지고 가라앉는 기분은 어느새 저 멀리

구름 따라 달아나는 것 같다. 불꽃이 인간의 정신을 번쩍 눈 뜨이게 하는 마력 같기도 하다.

오래전 광안리 모래사장에서 불꽃놀이 하는 과정을 직접 체험을 한 적이 있다. 그 당시는 체계가 좀 미비했다는 생각이 든다. 교통 상태도 혼잡하여 정갈하지도 못했던 것 같다. 여러 지인과 함께 이른 시각에 준비하고는 그곳으로 가기까지 인파에 밀려 밀려서 도착했다. 정말 아슬아슬한 그곳의 복잡함이란 이루 말할 수가 없었다. 넘어지기라도 하는 때는 밟혀 상처를 입기는 십중팔구다.

하늘에는 불꽃이 피어오르고 많은 군중의 우레 같은 소리는 물속의 고기들도 놀라서 멀리 달아나지 않을까 하는 생각도 해 본다. 마음은 모두가 한결같았으리라.

피어오르는 하늘의 꽃봉오리에 매료되어 군중들이 아수라장인 줄은 미처 알지를 못했다. 시간이 갈수록 기분은 상승이 되고 한참을 지나서야 그 상황이 눈에 들어왔다. 해가 거듭날수록 질서가 정렬해지고 체계가 잡히는 것 같다. 부산의 명물이자 세계적인 불꽃놀이로 이어가고 있다.

순식간에 모여든 인파들은 빠져나가는 것도 쉬운 일이 아니었다. 택시도 잡을 수 없었고 지하철은 정차도 할 수 없는 지경이었다. 그 와중에도 왜 이런 일이 될까 하는 의아심이 좀처럼 사라지지 않았다. 몇 지인들과 어울려 갈 수 있는 곳까지 가면 될 것 같아 걸어서 온 것이 양정까지 오게 되었다. 다리가 아프고 발바닥이 부르틀

지경이 되어 겨우 택시를 타고 집에 도착했다.

그 이후로는 다시는 직접 체험을 포기하고 지내왔다. 항상 멀리에서 간접 체험으로 불꽃놀이를 관람하곤 한다. 어떤 사람들은 매년 축제날만 되면 그 복잡함을 오히려 즐기면서 다녀오는 이도 있다. 생활의 활력소가 되고 뜨거운 감정이 되살아난다고 한다.

뽀얀 연기로 산화되어 여운을 남긴 채 사라지는 불꽃만큼이나 사람들의 머릿수도 수를 헤아린다. 어지럽혀진 대지는 인간들의 여운이다. 피어오른 불꽃에 비유한 주위의 흩어져 쌓인 산더미들은 불꽃처럼 산화되어 사라지면 좋으련만.

민들레 씨 되어 날아가는 모습처럼 불꽃의 형상에서 보인다. 느끼고 보이는 시야에 따라 다르다. 고르게 펼쳐진 갈대밭에 불꽃이 피어오르는 형상으로 보이기도 한다. 아라비아 숫자나 ABC도 보인다. ㄱ도 보이고 ㄴ도 보였으면 좋겠다. 인파들의 합창 고함도 함께 장엄하고 힘차고 황홀한 느낌이 극치에 이른다.

아이들이 어릴 때는 가끔 광안리 바닷가를 찾았다. 아이들의 꿈을 찾아서 밤하늘에 반짝이는 별을 세고 폭죽을 터트리기도 했다. 아이들이 다 자라고 나니 자란 만큼이나 부모들의 마음도 식어가고 감정도 가라앉아 세월이 무상하다. 단지 이역만리 나가 공부를 마친 아들의 마음만은 불꽃이 피어오르는 광경만큼이나 크고 높은 이상으로 펼쳐 나갔으면 하는 마음을 가져 본다.

인간들의 마음도 매년 열리는 불꽃 축제처럼 다시 그 열정이 살아나고 젊음으로 되돌아온다면 이 세계는 어떤 현상이 일어날까. 아마도 새 생명이라는 것은 없고 인간에게는 무법천지가 되지 않을까.

무역의 도시 부산을 알리는 최고의 행사는 광안리 앞바다의 불꽃놀이가 아닐까 싶다. 매혹적인 품격에 주위의 생물마저도 춤을 추면서 세계의 아름다운 활성 도시로 거듭나기를 바란다.

복잡함이 있어 부산의 불꽃놀이가 한결 신이 나는 것 같다.

후쿠오카의 동행

뱃길을 이용한 2박 3일의 일본 현장을 밟는다. 한일 문화 경제포럼에서의 행사가 있어 후쿠오카를 다녀왔다. 여행은 발로 하는 독서라고 했던가. 여러 가지 환경이 불편한 것이 많았다. 우선 국제여객터미널에서 배를 탄다. 배는 일본의 뉴-카멜리아 호, 부산에서 후쿠오카로 출항하는 거대한 배다. 수많은 선객이 타고 가는 배 안에는 시설을 모두 갖추고 있다.

일행들과 함께 3층 객실이 예약되어 밤을 지새운다. 많은 사람이 함께하는 숙소에는 한 사람씩 소지품을 얹고 누울 수 있도록 칸이 만들어져 있다. 또래의 동료와 경로우대라 하여 5층 2인실에 숙소가 배정되었다. 하지만 몸이 불편한 아우랑 만리장성을 쌓은 하룻밤이었다. 2층으로 된 침대와 세면대가 있고 고정된 탁자도 있어 조금은 편리하게 지낼 수 있었다. 일행에게는 미안한 마음이다. 오히려 함께하지 않아서 죄송하다고 한다.

레스토랑, 공동목욕탕, 노래방 시설까지 있다. 저녁 식사로 가져간 음식들을 펼쳐 놓고 동행이라는 것이 실감이 난다. 느지막한 시간에 공동목욕탕에 들렀다. 수압이 세고 간단하지만, 일반 목욕탕과 별다른 것이 없다. 목욕 도중에 배가 출발하는 소리가 들리고 자꾸만 흔들흔들하는 느낌이 들었다. 11시가 지나니 현란한 정적 속이다. 피곤이 엄습해 오고 베개를 베고 누웠지만, 머리가 움직이는 느낌이다. 생각보다는 안온한데 쉬 잠들 것 같지가 않다.

얼마쯤 잠들었을까? 후쿠오카 도착을 알린다. 많은 사람이 삽시간에 나가려니 난장판이 될 것 같다. 그룹마다 나가는 순서를 정한다. 한일포럼 팀이 가장 먼저 나올 수 있는 행운을 얻은 셈이다. 하카타라는 지역이다. 대형버스가 일행들을 기다리고 있다.

구마모토로 이동, 야스쿠니 신사를 관람. 알록달록 관광객으로 인산인해를 이룬다. 신사에 들어가는 정문에는 여러 가지 야생 나무들이 즐비하다. 날씨가 흐리고 습기가 쌀쌀한 추위를 동반한다. 온도가 높으며 습하고 여름에는 기온이 40도까지 오른다고 한다. 오래된 매화나무들이 가지마다 푸르게 보인다. 일엽초라는 식물이 여유롭게 덕지덕지 기생하고 있다. 매화나무와 일엽초의 공생공존 법칙이랄까.

20년 전, 아이들을 데리고 일본 후쿠오카를 다녀왔다. 벳푸와 하우스텐보스 관람을 한다. 그때는 아이들에게 신경 쓰다 보니 지난 일들은 별로 기억이 감감하다. 유후인 벳푸 온천을 둘러본다. 지옥 온천이란 곳이 실감난다. 사람들이 접근을 못 하도록 둘레는 줄을 치고 온천물이 솟아올라 지글지글 끓어오르는 것이 신기했다. 인상 깊었던 것은 그곳을 관리하는 청년이 한국 사람들의 놀라운 기색들을 그대로 재현하는 것이 우스운 개그이었다. '우와 대박이네. 신기하나.' 어색하게 하는 말들이 한국인이 그동안 얼마나 많이 다녀갔을까 짐작이 간다.

다음 코스로 온천수와 차가운 샘물이 솟는 긴린코 호수를 찾는다. 자그마한 호수에 온천수가 들어와 수온이 높아진다. 색이 각양각색, 씨알 굵은 붕어들이 신나게 지느러미를 저으면서 노는 모습이 아주 한가로워 보인다. 주위는 일본 전통 상가들이 즐비하다. 한 바퀴 돌아보고 서둘러 호텔이 있는 하카타로 간다. 호텔에서 숙소 배분을 받고 가방만 두고 급히 포럼 행사에 가기 위해 서둔다.

마치 주말이라 일본에서도 차량의 대여가 쉽지 않다고 한다. 차량이 있어도 밀리는 시간에 도착할 수가 없다. 인구가 많은 나라의 애로점인가 싶다. 우선 가까운 거리지만 몇 대의 택시로 나누어 탄다. 국철을 타기 위함이다. 다 함께 가는 시간을 맞추다 보니 국철 열차도

놓쳐 버린다. 국철 대기실에 들어가 열차가 오기를 기다린다.

그곳은 아직 미비한 간이역인 것 같다. 몇십 분을 기다렸는지, 30분가량 열차는 달리는가 싶더니 정차, 다시 지하철을 탄다. 정말 번거로운 일이다. 교통비는 여러모로 더 비싸게 내고도 시간 단축에는 어쩔 수 없단다. 이웃 나라의 삶의 현장을 하나씩 가슴에 새기고 행사장에 도착한다.

행사장이라야 우리나라처럼 호텔에서 거창하게 차려놓고 맞는 것도 아니었다. 비싼 땅에 음식점들이 통로도 변변치 않은 행사장, 처음부터 우량이란 없는 것이다. 어쩐지 허술해 보이기만 했다. 그곳의 식사비가 만만치 않다고 한다. 그대들은 음식마저도 배불리 먹는 문화가 아니다. 감질나게 아우성친다. 한일 문화교류인 만큼 노력은 하고 생기발랄하지만, 빛을 못 내는 것이 좀 아쉽기만 했다.

한일 문화 경제포럼의 의미를 가지고 양측의 국기가 꽂혀 있고 능숙하게 통하지 않는 말들을 주섬주섬 주워 담기에 바빴다. 많은 시간을 할애할 수는 없었다. 다시 돌아가는 경로가 촌각에 달렸다. 바쁜 일정으로 정담을 나누고 촬영을 하고 한 것이 얻은 결과로 한층 더 한일 문화 경제포럼이 성숙해지기를 바란다. 다녀온 모든 것을 카메라에 담았다. 일본에서 연말 특별 프로그램에 방영된다고 한다. 축하할 일이다.

내년 여름에 다시 대마도에서 양측이 만날 것을 기약하면서 그분들의 환영 속에 편히 떠나올 수 있었다.

꿈의 세계 발칸 6개국
—루마니아 성城

동유럽으로 여행하는 여섯 일행은 인천공항 버스를 탄다. 심야버스라 탑승객은 많지 않았다. 밤 기온이 조금은 싸늘하다. 경북 황간을 지날 때쯤 잘 달리던 버스가 브레이크가 말을 듣지 않는다. 기사는 당황하여 여기저기 오고 있는 버스를 수소문한다. 걱정하면서 공항의 미팅시간이 늦을까 우왕좌왕이다. 그때 같은 계열의 버스가 도착한다. 짐을 옮기고 다른 버스에 타니 인원이 만원이다. 어쩔 수 없이 우선 뒷좌석에 포개어 앉는다. 이 또한 다행이라고 안심을 한다.

신탄진에서 다시 리무진 버스에 갈아탄다. 시간은 저녁 8시가 지나고 버스는 쏜살같이 공항을 향해 달린다. 일행들은 모두 밝은 표정이다. 인천 앞바다의 불빛이 찬란하다. 영종도 다리를 건너간다. 공항이 다가오는가 싶다.

서울 일행들과 함께 카타르의 도하 비행기에 탑승한다. 밤 00시 45분 300명 정도가 탈 수 있는 대형비행기다. 기장의 안전을 알리는 방송이 흘러나오고 서서히 출발한다. 이륙할 때는 두근거리는 가슴을 두 눈 꼭 감고 안정을 취한다. 천지는 어둠으로 잠이 들고 비행기 탑승자들만이 무슨 얘기들이 그리도 많은지 소곤거리는 소리가 들린다.

장시간 비행거리다. 10시간 05분, 꼼짝 않고 이 자세로 비행기 탈 때의 모든 것을 버텨야 한다. 아침 9시가 되니 기내식 식사가 나왔다. 소금과 후추를 뿌린 게살죽에 요구르트와 빵 한 조각에 딸기잼이 첨가하여 복숭아 주스 한 잔으로 충분한 요기는 되었다. 후식은 마음껏 맥주와 커피도 한 잔씩 아침 식사로는 그런대로 괜찮았다.

40분만 지나면 카타르 도하 비행장에 도착한다. 시간은 오전 11시 30분. 우리와는 시간이 6시간 차이로 지금부터는 6시간을 더 젊어지는 셈이다. 경유 약 5시간을 소요하여 루마니아 수도 부쿠레슈티에 도착하여 시나이아로 이동 다시 1시간 50분을 비행하여 갈 것이다. 기온 차이가 다양하여 복장 차림새가 각양각색이다.

날씨는 찌는 듯하다. 낮 기온이 28도 이상이라 한다. 공항 내에서 루마니아행 경유 비행기 탑승이다. 더운 날씨는 다음 코스에 가면 우리나라의 전형적인 가을 날씨 기온이 된다. 큰 공항이지만 외국인들의 이용수가 우리나라의 공항보다는 덜 붐비는 것 같다. 인천공항에서 밀리는 듯 나가는 경험을 한 탓이다.

카타르 도하 공항은 역사가 꽤 오래되고 모든 절차가 신속히 처리되었다. 인천공항에서 볼 수 없었던 것 한 가지를 발견한다. 검사대 앞에서 소쿠리 올리고 내리는 것이 좀 못마땅하다고 느꼈는데 도하 공항에서는 나갔던 소쿠리가 다시 밑으로 올라오는 게 아닌가. 그래도 인천공항의 면모에 어깨가 으슥해지는 자부심도 있다. 여행자들이 유독 많은 대한민국 국민은 어디를 가나 대기업들의 간판에 눈들이 즐겁다.

루마니아의 기후가 15도 정도 우리나라와 비슷하여 별 무리는 없었다. 소금이 많이 나며 밀, 옥수수, 토마토, 감자 등이 생산되는 농업국이다. 소금이 귀한 만큼 부를 과시하기 위해 음식이 조금씩 짜게 되었다 한다. 교는 동방교가 많다. 우리나라 교민이 450명 정도 살고 있다. 이바노비치의 다뉴브강 잔물결과 함께 인상적이다.

루마니아의 처음 관람지로 펠레슈성 내부를 둘러본다. 성의 내부는 긴 시간을 두고 찬찬히 바라볼 수 있다면 좋을 듯 화려하고 웅장했다. 외부는 아름다운 정원으로 고풍의 절경에 뒤돌아 오는 숲길도 아주 운치 있게 잘 가꾸어 놓았다. 우거진 나무 그늘 사이로 푸르게 보이는 하늘이 황혼 빛에 더욱더 멋스러움이 내 마음을 사로잡는다. 펠레슈성은 해발 900m 높고 깊은 곳이었다. 산세가 아주 아름다운 곳이다. 루마니아 최대의 관광지로 전천후 휴양지와 스키장도 있다. 피아노를 만드는 독일 잣나무가 이곳의 자랑거리이다.

1880년대 신화의 그리스정교회 수도원에도 들렀다. 때가 10월의 하순쯤 아주 완벽히 때맞춰 들어간 것 같다. 그 나라 법도랄까 11월 한 달은 누구도 성을 들어갈 수 없다고 한다. 그동안은 성안의 행사가 있음인지 날씨마저 잘 받쳐주어 행운을 얻은 셈이 된다.

루마니아 사람들은 예전에는 아주 부유하고 잘 살았다. 자주 외세의 침략과 종교분쟁으로 사람들이 활기가 없다. 생활의 고난이 자리를 잡고 있는 듯 보인다. 그 나라에는 세계에서 두 번째로 큰 건물로 정부청사나 국회의 모든 정부 기관들이 들어 있는 웅장한 건물들을 볼 때는 지난날에는 아주 잘 살았다는 것을 볼 수 있다.

루마니아 한인 가이드는 열심히 설명을 곁들인다. 시나이반도 산에 있는 시나이아 수도원에서 이름을 따 부르면서 도시의 상징적인 존재가 되어, 마을 주민들이 많아지고 여행객들이 차차로 방문이 늘어났다고 한다. 지붕이 붉은 예쁜 집들은 배경이 되는 높은 산들과 함께 어디선가 본 듯한 익숙함이다. 스위스의 아름다운 정경 같다고 할까. 건물들이 단정하면서도 고풍스럽게 보인다.

성과 수도원을 관람하고 해는 뉘엿뉘엿 서산에 걸린다. 일행들은 해발 1100m에 있는 브라쇼브 도시의 골든타임 호텔에서 편안한 하루를 맞이한다.

꿈의 세계 발칸 6개국

―불가리아, 세르비아

루마니아를 거쳐 온 지 4일째, 불가리아로 들어간다. 엄격한 사회주의 국가로만 알았다. 직접 체험하는 기회를 가진다. 고향에 온 듯 안온하고 편안함을 주는 나라이다. 주위는 평화로워 보였고 어디를 가나 사람들은 평온하게 생활하는 모습이다.

바쁘게 사는 모습이 여유로운 삶으로 보인다. 가도 가도 끝없이 펼쳐진 국토는 탐이 난다고나 할까. 며칠을 루마니아에서 본 산세와는 사뭇 다르게만 보인다. 나지막한 산맥들이 우리나라의 경치를 보는 듯도 하다.

불가리스의 발상지 불가리아에는 어디를 가나 불가리스를 편하게 사고 먹을 수가 있다. 유산균의 일등품, 일행들은 모두 유산균을 사는 데 아끼지 않는 것 같다. 그곳 가이드를 통해 나 또한 유산균 몇 통을 샀다. 가족들에게 한 통씩 선물로 안길 것이다.

오랜만에 우리 입맛에 맞는 식사 시간이다. 마치 무도장같이 화려하고 웅장한 곳에서 여행자들만의 식사를 했다. 몇 날이 지나니 여행의 체질이 되어 가는지 빵이랑 고기 요리가 맛이 있었다. 세 시간을 버스를 타고 불가리아 수도 소피아로 향한다. 피곤이 엄습해 오고 낮잠을 즐기는 기회를 가진다. 가이드의 문화체험 해설이 귓전에서 돌지만, 졸음으로 감기는 눈은 이길 수가 없었다.

고속도로이다. 한참을 달려서 왔을까. 마치 우리나라의 전주한옥마을을 연상하는 영주永住의 집을 한 바퀴 둘러본다. 현재는 호텔로도 쓰고 여러 곳의 유용한 쓰임이 되는 집이다. 예전에는 아주 호화로운 저택이었다. 대문이 7개를 지나면서 한 바퀴 돌고 나니 해는 서산으로 넘고 불가리아에서 첫 숙소 4성급 호텔의 꿈나라가 기대된다.

저녁으로 호텔식 빵과 채소 샐러드가 나왔다. 신선한 샐러드가 오랜만이라 일행들은 즐기며 식사를 한다. 유럽의 음식이 주로 짠맛이 많다. 소금이 부를 상징하는 한때가 있었다. 그 여파가 아직도 남아 있다고 한다. 소금 덕에 한식 아닌 식사에 물이라도 많이 마시면 배를 채울 수 있지 않을까 싶다. 숙소를 배정받으니 조용하고 안온한 호텔이 지친 피로를 잠재울 것 같다.

불가리아는 국기 색이 하양, 녹색, 빨간색으로 이루어져 있다. 흰색은 자유와 평화를 상징하며 녹색은 산림을 뜻한다. 빨간색은 범슬라브족의 자유를 위해 목숨 바친 피의 색을 상징한다. 산맥이 많고 분지로 이루어지며 주로 600m 이상에서 살고 있다. 지대가 높은 곳에 사니 모기는 없지만, 나방이 많이 서식한다고 한다. 수도 소피아로 들어갈 때는 유럽연합 표상으로 꼭 여권검사를 한다.

일요일이라 관광객이 많지가 않았다. 이른 아침부터 나선 것이 여행하기에는 아주 안성맞춤이었다. 수도 소피아 거리를 활보하다. 어마어마한 레닌 광장의 거리는 사회주의가 무너지면서 레닌의 동상이 사라지고 소피아의 동상이 높은 하늘에 치솟고 있다.

소피아라는 도시 이름에는 유례가 많았다. 큰 동상으로 세워진 소피아 공주의 한 손에는 평화의 상징 비둘기를 쥐고 있으며 또 한 손에는 월계관을 들고 있다. 높이 세운 동상에서는 번쩍번쩍 빛으로 도시를 사로잡는 듯하다. 주위를 둘러보면서 아름답게 꽃으로 거리를 장식한 것이 이채로웠다. 일행들과 서로 사진 촬영에 바쁜 시간을 보냈다. 주변의 성모승천 교회 내부를 관람하고, 13세기 궁전을 방어했던 중세의 성채인 벨리코투르노보성 내부도 둘러본다. 현재도 마지막 왕이 사는 건물이 있었으며 그 당시 얼마나 호화롭고 여유로웠다는 것을 볼 수 있었다. 뒤뜰을 개봉한 것은 얼마가 되지 않았다는 것이다.

소피아에서의 마지막 한국식 식사가 기대된다. 그리운 한국식 식사라니 모두 눈이 번쩍 뜨인다. 된장찌개와 미역나물, 콩나물, 호박나물과 부침이 나왔다. 때마다 향수를 그리워하는 일행들은 얼마나 거하게 먹던지 머나먼 고향에 온 모습들이다.

한정식으로 점심을 먹고 6개국 중의 다음 나라인 세르비아로 이동을 한다. 버스로 5시간의 소요로 세르비아 베오그라드에 도착한다. 일행들은 식사 때가 가장 아쉬운 것 같다. 조금씩 준비한 장아찌 종류나 구운 김이 그나마 식사 때의 어려움을 해결해 준다.

날씨는 그 나라의 우기雨期로 우리나라의 전형적인 가을 날씨이다. 하늘은 파랗고 단풍이 여물어가는 시기다. 비가 오지 않는 것이 정말 다행이다. 농가는 대부분이 추수를 끝내고 마지막 꼬투리들만 즐비하다. 아마도 이곳 발칸 6개국 여행은 마지막이 되지 않을까 한다. 눈이 많이 오고 추위가 돌아오면 여행을 할 수 없기 때문이란다. 다음 해 4~5월경이면 다시 여행 패키지가 활성화될 것이라 한다.

불가리아와 세르비아의 국경에서 내려 한 사람씩 여권검열을 받고 출국하면서 버스도 심사를 마친다. 이어서 다시 세르비아 입국절차를 밟고 자유의 여행이 된다.

꿈의 세계 발칸 6개국

—브란의 드라큘라 성, 차우셰스쿠 궁전

루마니아에는 세계적으로 공포의 느낌이 있는 드라큘라 성이 있다. 늦가을로 접어들면서 성이 있는 곳은 아침 공기가 차가웠다. 나무들이 울창하게 둘려 있으며, 정문에는 공포를 과시하는 푯말이나 현수막이 걸렸다. 무시무시하다는 느낌과는 달리 오르는 길목에는 단풍으로 치장이다. 떨어진 낙엽에 뒹굴고 싶도록 노랗고 붉은 바닥이다

브란의 드라큘라 성은 1456년 블러드 제페시 왕자가 태어나면서 로마제국이 쇠퇴하고 오스만튀르크의 침입이 빈번하여 결사 항전

을 한 흔적이 있다. 제페시 왕자가 장성하여 왕으로 추대되어 잔인한 인물로 정평이 난다. 그는 싸움에 이기면 적군의 입에서 항문까지 몸통을 쇠꼬챙이로 찔러 적군이 오는 곳에 세워 두기도 하고, 적들의 전의戰意를 상실하게 한다. 적군의 심장을 수저로 떠먹기도 했다는 것이다.

영국 소설가 브램 스토커가 1897년 공포소설 〈드라큘라〉를 쓰면서 제페시 왕자 드라큘라 백작의 모델로 쓰이면서 유명해졌다. 잔인함과는 달리 성안은 화려하고 오밀조밀하게 꾸며진 것이 소설에서 표현하는 것들과는 아주 다르다.

성 내부로 들어서니 마리 왕비가 기도드렸다는 예배 장소, 회의실, 거실의 벽난로며 왕과 함께 사용했던 침대, 식탁이 있으며 왕비의 사진도 걸려 있다. 성이 깊은 산속에 있어 가끔 곰이 출현하기도 한단다. 그 당시 마당 가운데 우물도 볼 수가 있다. 브란성의 역사 자료가 있는 방도 있고, 꼬챙이로 처형하는 그림도 걸려 있으며, 가족의 계보가 있는 방도 있다. 그곳을 드라큘라 성이라고 하는 데는 많은 뜬소문이 나돌고 있다.

루마니아 도시 브라쇼브로 들어가 차우셰스쿠 궁전을 관람한다. 차우셰스쿠는 독재 정권을 유지하기 위해 족벌체제를 했으며, 사람들의 목숨을 파리 목숨처럼 여기기도 했다. 많은 국민들이 희생당하고 친인척이 권력의 핵심이 되기도 했다. 왕비의 사치가 극에 달하고 국민들이 희생을 당하면서 그의 일생도 끝이 난다.

그러다 1989년 차우셰스쿠 정권이 무너지고 헬기로 도망가다 부부는 경찰에 체포되고 전 세계에 중계되면서 총살을 당했다고 한다. 궁전은 차우셰스쿠가 처형을 당할 때까진 80% 정도 완공이 되어 10년간은 건물에 대한 논란이 끊이지 않는다. 건물이 그만큼 웅장하고 거대하게 지어졌다. 현재는 건물의 심장부에 의회실을 완성하여 국회의사당으로 쓰이고 있다.

루마니아는 전 국토가 약 24만㎢로 우리나라의 1.2배이며, 인구는 2,100만 명 정도이다. 대부분 루마니아인이고 5% 정도는 독일과 헝가리인이 살고 있다. 60%가 평야로 이루어졌으며 농업과 목축업이 발달하여 있다. 자원도 풍부하여 석유도 생산된다고 하지만 국민들은 대체로 빈곤하게만 보인다.

GDP는 1.1억 유로이며, 공업 35%, 농업 40%이고, 물가가 독일의 베를린과 비슷하여 두 부부가 벌어들이는 월급이 1,200유로이면 네 식구가 살기에는 어려운 생활이다. 부인이 그곳 학교에서 사회학을 가르치는데 월급이 450유로로 많이 박한 실정이라고 현지 가이드인 한국 사람이 일러준다.

발칸(Balkan)이란 산이 많아 푸르다는 뜻으로 이번 여행의 6개국 중인 루마니아가 많은 전쟁과 독재에 시달리면서도 웅장한 건물과 아름다운 도시들을 지키고 관리해 왔다는 것에 여행자로서는 고마운 일이란 생각이 들었다.

지난날 사회주의 국가로 있을 때는 한 사람의 독재자로 그 일가

친척에 의해 통치를 하면서 국민들은 힘든 생활인 것으로 보인다. 민주국가가 되면서 자유는 있지만 피폐해진 생활은 국민들 얼굴에는 웃음을 볼 수 없는 것이 특징이다. 공장들이 폭파됨으로 부족한 공산품에 호텔마저도 호텔의 품격을 갖출 수가 없다. 오직 관광 산업으로 희망을 부여받고 있지나 않을까 하는 생각이 내내 꼬리를 내리지 못하고 있다.

차우세스쿠 궁전은 이북의 김일성 궁전을 보고는 감격하여 지어진 궁전이라 한다. 우리가 가볼 수 없는 가깝고도 먼 그곳은 얼마나 크게 지어졌을까 궁금증이 생기기도 한다. 궁전 광장의 공화당 거리 또한 얼마나 넓은지 저 멀리 사람들이 조그맣게 보인다. 큰 건물에는 재정경제부, 산자부, 통신부, 원자력 자원부가 있으며 통일, 대학로, 빅토리아 광장 등을 관람으로 하루의 해는 뉘엿뉘엿 석양으로 일행들은 다음 날의 휴식을 위해 투숙호텔로 발길을 돌린다.

발칸반도의 루마니아라는 국적은 내 꿈속의 궁전이 되었다. 내 생의 발칸 여행은 삶의 보람이 될 것이다.

꿈의 세계 발칸 6개국 (크로아티아)

—폴리트비체 자연국립공원

2시간 30분이 소요된다. 아침 시간이지만 몇 날을 함께한 일행들은 화기애애한 분위기다. 주위는 안개가 아련하게 깔려 있다. 전방 10m 앞이 보이지 않는다. 아름다운 풍경을 볼 수 없다는 게 아쉬움을 준다. 산이 둘려져 있어 지역에 따라 날씨는 변화무쌍하다.

창가에는 빗방울이 어리고 먼 곳에서는 햇볕이 성성하고 새벽안개는 옷깃을 여미게 한다. 도착할 때쯤이면 화창하지 않을까. 꽃보다 누나 촬영지를 들른다. 명성을 크게 얻던 배우의 아픔이 잠깐 머릿속을 스친다. 단풍으로 어우러진 늦가을이다. 형형색색 알록달록 색상들이 싱그럽기까지 하다.

최초의 국립공원 폴리트비체는 유네스코에 등재되어 있다. 익숙지 못한 환경이다. 긴 터널을 지나고 전체가 야트막한 산으로 둘러싸여 있다. 시야가 바뀔 때마다 적당히 간격을 두면서 작은 영影으로 멀어져 간다. 넓은 평지에 물안개가 자욱하고 풀밭에는 양 떼들이 유유히 풀을 뜯고 있다. 이것이 평화로운 풍경인가. 이 평화로움을 가슴속에 긴緊하게 간직해야겠다.

작은 마을이 있어 인기척이 있음도 하지만, 이른 아침이어서 그럴까 조용하기만 하다. 높은 나뭇가지에 대롱대롱 매달린 까치집만이 손님맞이에 요란스럽다. 자연이 만든 국립공원을 찾으면서 많은 것을 접하고 방대한 경치에 놀랐다.

공원 입구에 들어서다. 갓 떨어진 빨간 단풍잎들의 뭉치에 서로 한 줌씩 쥐고 낙엽 던지는 장난에 모두가 동심의 세계로 돌아간 듯하다. 이 많은 나뭇잎은 떨어지는 것이 아니라 또다시 자기와 닮은 미래를 위해 자양분이 되어 가만히 내려앉는 것이 아닐까. 바스락거리는 낙엽을 보니 당연히 구르몽의 〈낙엽〉 시가 떠오른다. "시몬 너는 좋으냐? 낙엽 밟는 소리가…."

자연 속에는 웅장한 폭포가 있다. 소스라치며 떨어지는 장대한 폭포는 과연 세계적이라는 표현에 걸맞다. 쉴 새 없이 떨어지는 폭포를 보노라면 인간의 연결이 저러하려니. 소중하고 존귀한 자연의 생명이다. 떨어지는 폭포에도 거꾸로 매달려 기이하게 자라는 식물들 또한 자생력의 한 단면이라고 볼 수 있다. 적당히 채색된 계절의 아름다운 색상들, 물의 빛깔이 짙은 녹색으로 보인다. 맑기로는 유리알 같다고 표현하고 싶다.

국립공원의 면모를 갖춘 폭포이며 유달리 많은 물이 흐르고 고이고 한다. 물의 흐름이 얼마나 빠른지 그 많은 물이 어디서 와서 어디로 흘러가는지 아득하기만 하다. 대자연으로 들어갈수록 푸른 물의 호수가 경이롭다. 일행들은 3시간을 걸었는데도 피곤한 기색이 없다. 건널목이나 계단은 모두가 나무로 만들어졌다. 인공미가 아닌 자연미를 살리기 위해 무엇이든 나무를 사용한 것이 특이했다.

공원은 어느 개인 한 사람의 재산을 나라에 기부한 곳이다. 필시 기부자는 이곳을 혼자만 보기에는 너무나 숙연한 아름다운 극치가 되어 수많은 분의 몫으로 넘겼으리라. 깊숙이 들어간 협곡은 되돌아가지 않고 큰 호수가 산의 중심을 잡으며 중간에 배를 타고 다른 협곡 쪽으로 이동을 한다. 돛단배 네댓 대가 오가며 관광객을 실어 나르고 있다.

자연과 어우러진 사람 또한 풍경이다. 각 나라에서 관광 온 모습들이 각양각색이다. 하늘에는 비행기가 지나간 자국만 아련하게 줄을 남기고 바람 한 점 일렁이지 않는다. 날씨는 포근하여 둘러 다니기에 여행의 기쁨이다.

산 중턱에 있는 호수라지만 꽤 깊어 보인다. 이국 사람들과 같은 배에 탔다. 조금은 어색한 느낌도 든다. 도착하는 순서대로 잘 앉고서 타야 안전하게 갈 수 있다. 내릴 때도 먼저 탄 사람이 천천히 한 사람씩 내려야 배의 균형이 잡힌다. 안전을 지키는 데는 누구든 합심하는 자세의 중요성을 돛단배를 타면서 익힌다.

주변 일들에는 아주 완벽히 벗어난 듯하다. 이곳의 아름다운 풍치에 도취해 다 잊은 것인가. 우리의 금수강산이라 했는데 세계는 아주 방대하고 기이한 곳이 많은 것 같다. 여행은 말로 하는 것이 아니라 발로 뛰는 것이라 했다. 발로 뛸 수 있을 때 열정까지 보태어질까.

내 삶의 굴레

기장군이 2015년 9월 정관면이 정관읍鼎冠邑으로 승격한 정관 신도시가 친정이고 장안읍 장안사長安寺 아랫동네 하장안이 시가이다. 이곳들은 나의 어릴 적 추억이 있고 남편의 추억이 묻은 고향이 된다. 고향을 벗어날 수 없는 우리는 주말마다 그곳에 들러 몇 백 평의 주말농장으로 여러 가지 채소를 심어 자급자족하는 기쁨을 누린다.

연꽃은 여름 식물이다. 몇 년 전만 해도 부산 근교에는 관상용 연밭이 없었다. 전주 덕진공원 등지로 백련과 홍련이 만발할 때 연꽃을 보기 위해 문화답사를 다녀온다. 날씨가 서서히 더워지기 시작할 때 덕진공원을 다녀왔다. 연꽃이 시기를 지나 예쁘지는 않았다. 잎만 무성하고 꽃이 떨어진 흔적이 많았다.

남부지방 쪽에서 각 마을의 이장님과 개발위원장들이 여러 지역을 관람케 하여 연꽃의 재배 방법을 알고 와서 무논에다 연을 심었다. 관광객을 유치하려는 방안인 것 같다. 작년부터 기장군청에서 관장하는 기장군 철마나 장안, 울산시 등지에서 관상용 연꽃 재배를 하여 많은 관광객이 몰려오고 있다. 덤으로 장안사에는 적잖은 신도들이 붐비고 차량이 들어가지 못하는 사례가 생긴다고 한다.

하장안마을 연꽃 축제에 참석했다. 마을에는 월내에 있는 고리원자력발전소의 지원으로 해마다 행사를 한다. 올해도 하장안마을에 원자력에서 지원이 있어 연꽃 축제가 열리게 되었다. 주위의 철마면에는 연꽃의 활성이 좀 부진한 것 같다.

일천 명을 예상하고 오백 명에게 무료 음식을 대접한다. 마을 사람들이 합심하여 연밥도 만들고, 연 떡, 연 술과 연차도 나왔다. 연차는 그 자리에서 여러 번 찌고 볶아서 했는데 맛이 아주 깔끔하고 향긋했다. 때맞추어 연꽃들도 아름답게 피어서 사랑을 많이 받는다. 각기 카메라를 들고 사진 촬영하느라고 번잡하기도 하다.

연꽃은 부처님을 기리는 특산품이다. 마치 활짝 핀 연꽃은 부처님이 활짝 웃는 모습을 연상한다. 홍련보다는 백련이 많았으며 차를 만드는 데 많이 쓰이고 있다. 해를 거듭할수록 아름다운 연꽃으로 많은 사람이 인산인해를 이루지 않을까. 연꽃 주위에는 수세미와 박꽃으로 한층 더 풍성함을 느낀다. 길게 늘어뜨린 수세미는 옛날에는 부엌에서 그릇을 씻는 데 한몫을 했다. 그것마저도 공업화의 천연재료에서 자연의 몫을 저버렸다. 박꽃에서는 고전의 ≪흥부전≫에서 박을 타는 장면을 연상한다. 바가지 모양의 박들은 옹기종기 많이도 달려 있다. 햇수가 지날수록 연꽃 사업이 흐지부지해지지는 않을까 아쉬움을 주고 있다.

연의 밭 주위에는 1,300년이 넘었다는 느티나무가 한 그루 있다. 느티나무는 마을이 신성시하는 것으로서 해마다 재단에 정성을 들이는 당산나무이다. 나무가 그늘을 만들어 주어 주위의 사람들로 칭송을 받는 것 같다. 연륜이 있는 만큼 나무에도 품격이 있어 보인다.

내가 어릴 때는 그곳을 가려면 여러 번의 차를 이용해야만 갈 수가 있었다. 지금은 행정구역이 변하여 시로 편입이 되었지만, 옛 동래군, 양산군을 거쳐 지금의 부산시로 승격을 했다.

중학교 때는 그 지역으로 봄 소풍을 가기도 했다. 교통편이 열악하여 남학생들은 주로 자전거로 통학을 하고 걸어 다니는 경우가 많았다. 중학교 3학년 마지막 소풍 때가 유난히 기억에 남는다. 도시로 진학할 수 있는 마지막 기수로 특별반, 그 명성 떨쳤던 F반에서 평소 얌전한 남학생이 친구들이 먹인 술에 취해 횡설수설하는 행동에 무척들 당황했던 일이다. 지금은 어디서 무엇을 하면서 사는지 시골 학교의 추억들이 뇌리를 스친다. 그 당시 일선에서 일할 수 있었던 분들은 어느새 한 분씩 다 떠나고 내가 그곳에 서 있을 줄은 까마득히 몰랐다.

요즘은 젊은 사람들의 수가 급격히 줄어들어 장안초등학교도 분교에 가까울 만큼 인원수가 적어 폐교의 위기에 있다. 그나마 원자력 당국의 지원으로 통학버스를 이용할 수 있어 몇 안 되는 학생수들이 아주 활성적이라고 한다. 여러 가지 과외 활동이 많아 오히려 먼 거리에서 전학을 오기도 한단다. 반면 정관읍의 초등학교는 학교도 많이 생겼지만 전교 학생 수가 몇 배로 많아지고 있다.

주위에 고속도로가 질주하고 도예단지, 산업단지가 들어와 모든 것이 물질 만능의 도시화로 변화되어 가고 있다. 아름다운 산이나 들판이 모두 파헤쳐지고 알아볼 수 없는 공업단지로 변했다.

원자력발전소는 항상 안전이 요구되는 원자력의 위력으로서 지역 발전에 도움이 되는 것은 서로가 상부상조하는 자세가 아닐까 하는 생각을 해 본다.

5부

추풍낙엽에 저도 날 생각는가

내 마음속의 단비는 불편한 마음가짐을 갖지 않도록 긍정의 뿌리가 깊어지는 것이다. 사람이 언제나 우아하고 좋은 일만 가지면서 살아가야 하는 경우는 극히 드물다. 타협되지 못한 일에는 현명하게 대처할 줄 아는 지혜야말로 단비 같은 소나기만큼이나 소중한 것이다.

잊을 수 없는 캐나다 추억

오래전에 이민하여서 행복하게 사는 여고 친구, 국경숙, 황영순을 캐나다에서 만났다. 먼저 유학 가 있는 큰아들과 가이드를 만나 밴쿠버의 학교에 볼일을 보고 난 후 안부 차 친구들에게 전화한다. 기회가 이럴 줄이야. 바쁘게 사는 친구 경숙이가 월요일에는 알바가 없는 날이다.

경숙이는 캐나다에 이름 있는 레스토랑에서 매니저로 아르바이트하고 있었다. 이민을 간 사람들은 대개가 가정만 지키면서 사는 사람은 별로 없다. 홈스테이 하거나 음식점이나 각기 다른 곳에서 아르바이트하면서 살아가는 것으로 알고 있다.

따르릉~~ 야! 반갑다. 언제 왔니? 그저께…. 그럼 잘됐다. 너 미국 비자 있니? 어! 가지고 있어. 우리 미국 드라이브 가자. 영순이도 연락이 됐다. 바쁜 시간을 할애한다.

나는 시차 적응이 안 되어 감각이 흐트러질까 봐 걱정했는데 그 다음 날 오전 10시, 친구 둘은 캐나다 콕퀴틀람이란 도시에 살고, 나는 아들이 홈스테이 하는 north Vancouver에 있다. 누구의 도움 없이는 한 발자국도 움직일 수가 없는 상황이다.

경숙이가 친구를 태우고 내가 있는 곳까지 데리러 왔다. 영순은 딸만 셋을 데리고 이민을 했다. 한국 아이들을 몇몇 홈스테이를 하고 있다. 아직 영어 회화가 능숙하지는 않은 것 같다. 정말 반가웠다. 경숙이가 베스트 드라이브를 하고 캐나다 국경을 넘어 미국으로 들어간다.

알 스포드, 랭기, 아보스 포드(abbots ford) 캐나다를 달려서 미국을 통과 베이커 마운틴, 몇 시간을 달려야 가는 아름다운 산, 정말 장관이다. 그렇게 달려도 다른 차라고는 없었다. 가도 가도 끝이 보이지 않았다. 길이란 굽어지고 굴곡이 있어야 달리는 매력이 있는 것이다. 직선보다는 곡선이 아름답다. 주위의 환경들이 눈을 즐겁게도 한다. 오직 길게 늘어진 길뿐이니 내심 지겨움을 느끼게도 한다. 산 중턱을 지나 우거진 침엽수 사이로 흰 눈 자락이 보이기 시작한다.

와! 탄성을 지르는데 그다음이 문제다. 오를수록 기가 차다. 눈 속에 파묻힐까 걱정이다. 차갑기도 하고 두려움이 앞을 가린다. 적막한 산길이다. 더는 갈 수가 없다. 내려서 촬영하고 싶은 충동을 느낀다. 카메라를 챙겨 온 사람이 없다. 핸드폰 카메라에 하얀 눈꽃의 아름다움을 담는다. 그곳에서는 아무 곳이나 내리지 말라는 경고를 받았다. 자칫 곰의 습격을 받을지도 모른다고 한다. 긴 시간을 보낼 수가 없었다.

차를 돌려 내려오면서 호젓하게 외롭게 아무도 찾지 않을 것 같은 산장이 하나 있었다. 굴뚝에서는 하얀 연기가 차가운 바람과 함께 태극기 휘날리고 핸드폰 카메라에 한 장씩 찍기에 바빴다. 너무나 차가운 냉기에 입을 다물 수 없었고 굳은 인상이 펴지지 않음을 느꼈다. 멋지고 아름다움에 취해 시간이 꽤 흘렀다. 역시나 멀리서 동창들을 만난다는 것은 내 조국, 내 가족 같았으며 너무나 멋진 추억이었다.

미국의 아름다운 산의 모습을 만끽하고 다시 캐나다로 왔다. 비는 내리고 기온은 차다. 땅거미가 가까워지고 있는데 한 곳을 더 가야 한다고 서로 내세우기를 캐나다의 코크알라 캐니언이라는 곳, 셋이서 겁도 없이 한적한 산 중턱에 하차하고 우산을 쓰고 30분가량 걸어서 들어간다. 정말 움직이는 것이라곤 아무것도 없다. 굴속 자연의 멋, 람보 촬영장이라는 협곡, 맑고 끝없이 흐르는 물, 산 중턱의 흐르는 물인데도 큰 나라라는 방대함 때문인지 너무나 엄청나게 흘러내린다. 굽어서 흘러내리는 것도 장관을 이룬다. 무섭기까지 한다. 마치 빨려들어갈 것만 같은 물살. 너무 한적하여 위를 쳐다보니 거대한 바위들만이 반기면서 자연의 묘미를 뽐내고 있다.

셋이서 탄성을 자아내고 그저 조용조용해야만 했다. 곰의 습격이 두려워 불빛이 보일까 봐 사진도 찍을 수 없다. 숨 돌릴 겨를도 없이 뛰다시피 바삐 나와서는 안심을 했다. 정말 멋진 정경을 마음에 담고 왔다. 기회가 있으면 다시 한번 가보고 싶은 곳이다. 여름이 되면 장관을 이루는 자연과 더불어 관광객들이 호황을 맞을 것이다.

동창들의 아낌없는 서로의 도움으로 멀리서도 형용할 수 없는 자연의 아름다움을 볼 수 있다는 데 너무나 고마웠다. 심한 배고픔을 느꼈다. 점심을 몇 개의 과자로 연명하고 저녁때 밴쿠버의 이름 있는 일식집에 들렀다. 무언들 맛나지 않았을까! 신나게 배를 채우고 일식집인데도 음식의 종류가 아주 다양하다. 경숙이가 조목조목 입맛에 맞는 것만 시킨다. 휘황찬란한 수상 빌딩의 일식집은 방대하기로는 사람 몸집이 작게만 느껴질 정도이다. 그날의 식사비는 당연히 나의 몫이다. 평생에 자주는 들를 수 없는 곳인 것 같다. 비는 계속 내리고 피곤한 기색도 없이 또 넓은 광야를 달린다. 중간에 연락을 취했지만, 집에 도착하니 다들 걱정하며 기다리고 있었다.

얼이 담긴 대마도

가을비가 촉촉이 내리는 이른 아침, 중앙동 세관 앞을 지나니 근무했던 지난날의 일들이 주마등처럼 뇌리를 스치고 지나간다.

부산 국제 여객터미널에서 6시 30분까지 집합. 일행들은 숨이 가쁜 마라톤 선수 같다. 하늘은 흐리지만 상기된 모습은 즐거운 표정들이다. 시끌벅적한 터미널 안에는 형형색색 관광객의 옷차림, 어떤 곳이기에 이토록 많은 사람이 드나드는 곳일까 궁금하지 않을 수 없다.

8시 정각 오션 플라워 호는 대마도 이즈라 항구를 향해 떠난다.

빈자리가 없을 정도로 가득 메운 배는 여러모로 불편한 점도 있었다. 뱃길을 따라 물살을 가르는 배, 밖에는 비가 내리고 조금은 하얗게 부서지는 파도는 망망대해의 한이 많은 우리 조상들의 얼이 담겨 있는 곳이라고는 까마득히 몰랐다. 큰 바다 한복판, 한 조각의 배가 넓은 곳에 덩그러니 떠 있다는 것을 상상해 본다. 사방 천지가 보이는 것이라곤 출렁이는 물살, 갈매기들의 뽐내는 비행만이 교차할 뿐이다.

2시간여가 걸려 대마도 이즈라 항구에 도착한다. 환경이나 향토색은 분명 우리의 모습인데 이국땅이라 하여 세관원들의 검사가 철저하다. 조금은 오지라고 할까 일의 처리가 느리고 답답함을 느낀다.

때 이른 비가 맨땅이 다 젖도록 흠뻑 내린다. 대마도의 번화가인 이즈라 시내를 도보로 걸어서 대마 역사자료관을 관람, 좁은 골목길을 통하여 지난날 숭고하게 조선을 지키려고 애썼던 수선사修繕寺의 최익현 순국비를 찾았다. 작지만 우리의 얼이 담긴 수선사는 한국인의 향이 묻어나는 비석들이 많이 진열되어 있었다.

이어 조선의 마지막 황녀 덕혜옹주의 결혼 봉축비가 세워졌다는 하치만 궁 신사에 들른다. 덕혜옹주는 대마도주의 아들인 백작과 혼인하여 처음으로 시집에 다니러 왔던 곳이다. 축화의 봉축비로 세웠는데 후에 옹주가 많은 시련을 겪고서는 봉축비를 없애라는 간곡 때문에 깊은 절에 비를 숨겨 두었다. 지금은 한적한 곳에 봉축비가 세워져 있고 조선국통신사지비朝鮮國通信使之碑와 더불어 우리나라 관광객들이 많이 찾아보고 있다.

황녀의 기립이 아닌 평범한 사가의 축하 봉축 碑에는 "李 王家 宗伯 (작)爵家 御 結婚 奉祝 記念碑"라는 초라하기 여지없고 우리나라를 얼마나 속박했는지는 이것만 보더라도 한눈에 알 수가 있었다.

대마도는 멀리 바라보이는 산의 모습이 두 마리의 말馬이 바라보고 있는 형상이라 하여 대마도라고 하지 않았을까 하는 유례도 있다. 여권을 가지고 갈 수 있는 가장 가까운 이지의 땅 대마도는 우리가 지키고 우리가 다스려야 할 곳임에는 틀림이 없는 것 같다. 우리의 산세, 우리의 향기, 우리의 문화가 많이 풍기고 있는 곳이기에 정말 애끓도록 아까운 땅이 되지 않았을까 한다.

울릉도의 반쯤 크기라지만 89%가 산림지형으로 가파르고 울창한 숲이 산림 해안까지 이어져 있다. 자그마한 온천도 있고 조림이 많으며 제충제除蟲劑 때문에 언제부터인가 소나무와 편백나무가 많다고 한다. 봄에는 꽃가루가 날리는 단점도 있다. 항상 푸름이 많은 것은 대나무와 녹나무들이 많아서이다. 가을에는 단풍을 별로 볼 수가 없는 곳이기에 가을 산은 조금 둔탁해 보이기도 한다.

바다나 호수의 물은 아주 맑아서 속이 흔히 다 들여다보이고 주위의 아름답게 지워진 일본식 집들은 안온하고 매우 평화로운 곳으로 보였으며 집집이 소형의 배 한 척씩은 지니고 어획을 해서 살아간다고 한다.

버스를 타고 카미자카, 오후나에를 지나 만관교는 일본 함대의 통로로써 인공적으로 땅을 판 해협에 다리를 세운 것이다. 현재는 둘로 나누어진 상 대마, 하 대마를 이어주는 교통의 요지가 되어 있다. 이어서 천신, 해신 여러 가지의 신들을 모시고 사는 그 나라의 풍습 오타즈미 신사를 관람했다.

점심에 일본식 우동과 몇 개의 초밥으로 간단하게 식사를 하고 에보시다케 전망대를 올랐다. 전망대는 360도 동서남북 사면을 모두 조망할 수 있고 몇 겹의 산과 바다 위에 떠 있는 크고 작은 섬들로 이어져 있으며, 리아스식 해안 등 웅대한 모습을 자랑하는 곳이다.

일본의 풍습으로 에워싼 곳 시골의 풍경이지만 질서 정연하게 흐트러짐 없이 어느 곳이나 깔끔하다는 것을 느꼈다. 현지 가이드는 그 사람들은 자신의 속을 드러내는 것과 게으름을 남에게 보이는 것을 싫어한다고 한다. 들에는 농기구 하나 흐트러져 있는 모습을 볼 수가 없었다.

그곳에는 산림 도로가 많아 도로비가 없으며 차들은 대부분이 경차들이 많으며, 젊은 층의 사람들보다는 노인층이 많다고 한다. 이색적인 풍물이 없고 비슷한 향토색이 짙은 곳, 대마도를 먼 꿈나라의 미지로 남기고 마음만은 가까운 나라로 가슴에 품고, 내가 사는 곳이 가장 아름다운 곳이란 걸 새삼 깨달았다.

언젠가는 여권 없이 오갈 수 있는 날이 왔으면 기대를 해 본다.

소낙비

하늘이 갑자기 어둠에 휩싸인다. 먼발치에서 바람이 몰려오는가 하더니 하늘을 덮는다. 머리 위가 온통 소남풍*으로 검은 모자를 쓴 것 같다. 쏜살같이 몰려와 대처하기도 쉽지 않다.

소나기는 변덕스럽다. 하던 일을 멈추고 나무 밑이나 안전한 곳으로 피하기도 한다. 성미가 급하고 불같이 일어나는 것에 비유해 본다. 찌는 듯 푹푹한 날씨에도 여름만 되면 온갖 잡초 씨앗들은

---

* 비가 오기 직전에 급하게 부는 사나운 바람

순서 없이 밭 전체를 뒤덮는다. 농장의 밭 언저리에서 풀밭을 맨다.

시원한 빗줄기는 지글지글 타오르는 지열과 무더운 날씨를 잠깐 식혀주고 간다. 고마울 때도 있다. 오그라들었던 식물들은 방긋방긋 생기를 돋운다. 금세 시냇물이 불어난다. 새들의 노랫소리는 더 요란하게 들린다.

소낙비가 내리면 소설 황순원의 〈소나기〉가 생각난다. 순식간에 쏟아지는 소나기에 소년과 소녀는 당황하여 소나기를 피해 원두막으로 비를 피하는 장면이 떠오른다. 성질 급한 소나기는 이내 멈추고 언제 그랬냐며 멀쩡한 표정을 짓는다.

밭에서 바싹 마른 참깨를 거둔다. 이상하게 갑자기 바람이 불어오고 서늘함을 느꼈다. 멀리서 몰려오는 먹구름이 쏜살같이 머리 위를 덮어버리고 굵은 빗줄기가 소쿠라진다. 방패막이인 비닐로 덮어씌운다. 밑바닥에 깔았던 깔개에 흘렸던 참깨들이 둥둥 뜨고 소나기의 위력도 대단함을 알았다. 자연의 현상을 어디에 원망할까. 입었던 옷에서는 빗물이 뚝뚝 떨어지고 서로 마주 보면서 젖었던 옷만큼이나 마음도 젖어 있다.

여름 소낙비는 날쌔고 묵직함을 느끼며 강인하여 사람들을 혼쭐이 나게 한다. 봄이나 가을에 내리는 소낙비는 순하면서도 간지럽다. 가랑비로 부슬부슬 내리는 모습도 수줍은 새색시를 연상한다.

멀리 여행을 한다거나 산행을 하러 갈 때는 항상 준비하고 다녀야 하는 것은 소낙비에 대비한 우의가 필수이다. 갑자기 기온이 떨어진다거나 비상시 대용물이기도 하다. 언젠가 여고 산악회에서 대만 산행을 했다. 갑자기 부연 안개로 뒤덮이며 가랑비가 쏟아진다. 일회용 우의를 입었지만 험한 산길의 산행에서 이리저리 걸려서 찢어지는 바람에 힘겨웠던 생각들이 뇌리를 스친다.

쨍쨍 내리쬐이는 햇볕에서 소낙비는 생명의 줄기이다. 누렇게 타들어 가는 식물이나 농작물에는 얼마나 고마운 일인지 모른다. 빛바랜 뽕잎에서 반짝반짝 윤이 난다. 넓은 뽕잎들이 송골송골 맺힌 물방울에 온갖 잡념을 잊은 듯하다.

사람도 살아가면서 필요한 것들이 많다. 눈에 보이지 않는 것이 아쉬울 때가 있다. 아쉬울 때 내 손에 들어오는 것은 가뭄의 단비와도 같다. 소낙비가 가뭄에 단비만큼이나 고마울 때도 있다.

집안에 일어나는 아름다운 것들이 인생의 영광스러운 단비가 된다. 우리는 날마다 그 단비를 만들기 위해 애쓰고 노력하면서 살아간다. 자식을 잘 키우는 것만큼은 이 시대의 어떤 것과도 비교할 수 없는 희망의 단비이다.

내 마음속의 단비는 불편한 마음가짐을 갖지 않도록 긍정의 뿌리가 깊어지는 것이다. 사람이 언제나 우아하고 좋은 일만 가지면서 살아가야 하는 경우는 극히 드물다. 타협되지 못한 일에는 현명하게 대처할 줄 아는 지혜야말로 단비 같은 소나기만큼이나 소중한 것이다.

사람에 따라서는 성미가 급하고 불의를 못 참는 이도 있다. 잘못

된 일이 일어나는 경우는 일순간이다. 한 번 더 생각하는 미덕이 필요하다. 성미 급한 소나기는 생기와 활력을 주는 필요성을 가지지만 사람의 경우는 뉘우칠 수 없는 상황이 되기도 한다.

안이한 성격도 문제가 된다. 우리는 중용을 선호한다. 앞질러가는 경우도 성급한 일이지만 뒤처지게 가는 것도 더욱 감당할 수 없는 오판을 남기기 때문이다. 살아가면서 지혜롭게 판단하여 남보다 한 발자국 앞서가는 경우는 경쟁의식 속에서 있을 수 있는 일이다.

묵사발

묵사발은 묵을 담는 그릇을 말한다. 밥 대신 도토리묵으로 연명을 한 시절이 있었다. 묵은 근기가 있고 배고픔을 잊게도 해 주는 식량이었다. 묵으로 멸치 맛국물을 끓여 말아서 먹는 것을 묵사발이라고도 한다.

묵사발의 유래는 좀 특이하기도 하다. 창피와 모욕을 당할 때는 묵사발이 된다는 뜻을 가진다. 사발 중에서는 좀 하위의 그릇을 묵 담는 사발이라 한다. 도토리묵의 색이 진한 것을 고급 그릇에 오래 담아 놓을 수 없고 그릇 모양이 잘못 구워질 때 사용하지 않았을까.

가을이 되면 지천에 참나무가 있는 곳에는 도토리가 즐비하다. 요즘은 이름 있는 산에서는 도토리 줍는 것을 감시하고 있다. 야생동물들의 양식으로 먹을 것이 없어 마을로 내려오는 동물들이 돌출하기 때문이다.

농장의 주위에는 상수리와 도토리나무가 여름이 되면 유난히 잎이 반짝이는 것을 볼 수 있다. 이 참나무는 시부께서 젊었을 때 나무 심기를 좋아하셔 심은 것이라고 한다. 올여름 삼복더위에 햇볕을 많이 받은 참나무에 더위를 마다하지 않고 도토리가 주저리 열렸다.

가을이 되니 도토리는 서로 다투어 떨어진다. 비가 오고 바람이 부는 날에는 나무 아래가 도토리로 발 디딜 틈 없이 떨어졌다. 날마다 소쿠리를 들고 주워가는 사람들의 상기된 모습들이 떠오른다. 도토리는 주워서 그대로 두면 금세 벌레들의 먹거리가 된다. 도토리의 껍질 속에는 좋아하는 자양분이 있는 것 같다. 물에 담가 놓던지 뜨거운 물에 담갔다가 건져내어 말리는 작업을 한다.

어느 해인가 도토리를 한가득 주웠다. 그 당시는 묵 끓이는 것을 잘 몰라서 많은 도토리를 그대로 버린 적이 있다. 해거리하는 도토리가 올해는 유달리 많이 떨어졌다. 도토리를 줍지 않고 그대로 지나치기에는 너무나 아까운 생각이 들었다. 인터넷으로 검색을 하고 주위 분들에게 여쭤보면서 도토리묵 만들기에 전력을 쏟는다. 과학적이란 것이 실감이 난다.

묵으로 만든 묵사발이 만들어지기까지는 많은 단계를 거쳐야 한다. 우선 깨끗이 씻은 도토리를 건조기에 나란히 펼쳐 낮은 온도에서 사나흘 동안 말린다. 도토리 껍질이 속살이 보이도록 벌어져 있다. 손으로 만지면 그대로 벗겨지는 경우도 있고 방망이로 살짝 두들기면 깨끗하게 알갱이만 쏟아진다. 도토리는 돌덩이같이 딱딱하게 말려야 기계에서 잘게 부수어진다. 그렇지 않으면 찰진 성분이 있어 기계에서 눌어붙어 갈아지지를 않는다고 한다. 아주 밀가루처럼 곱게 간 도토리가루가 된다.

보자기에 걸러 본다. 찌꺼기 하나 없이 그대로 걸러진다. 여기까지는 성공의 사례가 된다. 남편의 끈질긴 연구에 정말 땡땡하고 반질반질한 도토리묵이 눈앞에서 보인다. 그 또한 서너 번은 실패를 했다. 물의 조절이 되지 않아 묵이 아니라 죽이 되기도 하고 딱딱한 엿가락이 되기도 한 경험이다.

곱게 간 가루를 물에 풀어서 하룻밤이 지나면 하얗게 앙금이 생긴다. 떫은맛이 빠지면서 누르스름한 물은 부어낸다. 앙금의 다섯 배가량 물을 부어 높은 불에서 서서히 젓는다. 누진해져 마치 검버섯처럼 거무칙칙한 거품이 피어오른다. 계속 저으면서 불을 조금 낮춘다. 많이 저어주는 것이 묵의 결을 매끄럽게 하는 비결이다. 주걱으로 올려 뚝뚝 떨어뜨려 본다. 소금 한 숟가락과 들기름 한 숟가락을 넣고 잘 저어준다. 들기름은 묵을 더 땡땡하고 반질반질하게 하는 역할을 하면 묵이 눌어붙지 않게 해 준다. 다음은 불 조절이 중요한 것 같다. 불을 아주 가늘게 낮추고 3~4분가량 뚜껑을 닫고 숙성시킨다.

잘된 도토리묵이 된다. 알루미늄 그릇에 옮겨 담아 식혀둔다. 다 식었다 싶을 때 찬물을 부어준다. 이때 묵이 충분히 잠기도록 해야 묵 위쪽이 딱딱해지는 것을 방지할 수 있다. 가능한 묵은 냉장고에 넣지 않는 것이 참맛을 낼 수 있다. 성공한 묵을 어떻게 만들어 먹느냐에 따라 묵사발의 진가를 바랄 수 있다.

도토리는 우리 몸속의 중금속을 배출한다고 한다. 숙취와 피로 해소에도 좋은 스태미너 식품이다. 속을 편안하게 해 주며 여름에는 시원한 묵사발을 안기면 더위가 싹 가신다는 설도 있다. 사시사철 변함없이 묵사발을 먹을 수 있다면 금상첨화가 되지 않을까.

묵은 등분을 내고 각종 채소를 썰어 약간 떫은맛을 만든다. 간장의 맛이 또한 한몫을 한다. 맛 간장에 매실 진액을 넣고 참기름 통깨 고춧가루 조금과 버섯 말려 간 것, 잔파도 송송 썰어 넣고 간장 맛을 만든다. 남편은 묵 만드는 셰프가 되어 만나는 지인마다 한 판씩 선사한다. 여태 먹어볼 수 없었던 신토불이 도토리묵이라고 어릴 때 먹었던 그 묵, 지난날 회상을 한다.

묵사발의 맛은 물리지도 않는다. 멸치 맛국물을 끓인다. 맛국물에는 간장, 감식초, 설탕 조금, 양파 중탕 2봉지, 소금 등으로 간을 맞춘다. 도토리묵은 채썰기 한다. 김치는 갖은양념을 넣고 볶는다. 김과 잔파도 준비하여 사발에 듬뿍 담아 맛국물을 부으면 둘 먹다

한 사람 없어져도 모르는 맛을 느낄 수 있다. 묵사발의 유래는 참 다양하다.

뙤약볕

불볕으로 기승을 부린다. 이상 기온이다. 이른 장마로 지긋지긋한 날씨 변화에 먹구름이다. 날마다 쏟아지는 빗줄기와 짙은 안개에 정신마저도 흐릿해짐을 느낀다.

무더위로 사람들의 잠을 설치게 한다. 냇가나 강가에는 물이 줄어들고 있다. 살겠다는 식물들의 생명체도 여지없이 목을 뒤틀어 버린다. 여름작물들은 강한 햇볕에 나이테는 훨씬 자라겠지만 머지않아 목 놓아 아우성을 칠 것 같다.

강렬한 태양 아래 하기휴가를 맞아 방콕 신세에서 벗어나기를 고대하고 고속도로나 전 국도에는 자동차의 대열로 줄을 잇고 있다. 어디를 간들 큰 변화가 없다. 줄어든 냇가의 물줄기라도 쏘이게 되면 달나라 같은 느낌이다.

산내의 산줄기를 따라 얼음골처럼 흘러내리는 냇가를 찾는다. 휴가를 맞은 많은 인파가 차들의 전쟁터 같다는 소식을 접한다. 남부 지방의 열대야가 심각한 것 같다. 소호는 사방이 산줄기로 에워싼 깊은 산야이다. 고랭지로 명성을 얻었다는 곳이기도 하다. 한전 주민들의 손길이 바쁠 것 같다. 벌써 배추를 몇 천 포기를 심겠다고 하는 사람들도 있단다. 소금에 절여서 공급할 계획이다.

예년에는 있을 수 없었던 언양 산내에서 3박 4일의 휴가를 머물기로 한다. 도착하니 해는 서산으로 뉘엿뉘엿 약간의 나뭇잎들의 흔들림으로 숨쉬기가 한결 나았다. 벌써 앞집의 지인들은 전날에 와서 싱그러운 밤바람에 열대에서 벗어나고 있었다. 오랜만에 보게 되어 반색한다. 준비해 온 여러 가지 먹거리들을 정리하여 냉장고에 집어넣고 둘이서 오붓하게 숯불을 지피고 늦은 식사를 한다.

유난히 낮게만 보이는 하늘에는 마침 보름날, 보름달이 높은 나무에 걸쳐 주위를 감싸고 있다. 선명하게 보이는 하늘에는 별들의 반짝거림이 하나씩 줄을 잇는다. 사방이 녹음이 짙은 산이라 두 손을 모으니 움켜잡을 수 있는 넓이의 하늘이다. 달과 별이 더 선명하게만 보인다.

간간이 불어오는 산골짜기 골바람은 자연 바람 그대로다. 마음껏

들이마시고 호흡하여 폐활량을 늘인다. 한낮에는 열기 밴 바람이지만 선풍기를 틀고 있으면 추워지는 느낌이다. 긴 옷 하나 걸치면 오히려 적당한 기온이다. 시내와는 기온이 4~5도는 족히 차이가 있음직하다.

점심 식사로 몇 집들이 합심하여 시원하게 국수를 해 먹기로 한다. 수고스럽지만 우리 집에서 전을 벌일 것을 바래 아랫집 교수님 댁에서는 잘 익은 열무김치를 한 통 들고, 옆집 안 사장 댁은 국수를 가득 들고, 이 사장 댁은 여러 가지 밑반찬, 수박과 과일을 들고 왔다. 다 함께 만들어서 여덟 식구가 한 집처럼 오순도순 둘러앉아 여러 가지 지난 경험담을 얘기하면서 즐거운 한때를 보냈다.

저녁때는 윗집의 박 사장이 늦게 오셔 앞이 탁 트인 안 사장 집에서 집마다 가져온 안줏거리를 장만하여 얼큰하게 한 잔씩 하였다. 각기 살아가는 방식이 다르고 연륜들이 달라서인지 서로 예의 갖추어 융화가 잘 되었다. 늦은 밤이 되니 랜턴을 들고 냇가로 물놀이 간다고 내려가는 부부도 있었다. 냇가에는 이미 많은 사람이 들어와 텐트로 진을 치고 있다.

계속 열대야가 수그러질 기미가 보이지 않자 주말을 맞아 이곳의 수십 가구에 수백 명의 사람이 몰려 들어왔다. 좁은 길 언저리는 북새통을 이루고 평소에는 한적하고 적막하기만 한 골짜기가 마치 휘황찬란한 도시의 네온사인을 방불케 한다.

문제가 생기기 시작했다. 집마다 여러 식구가 들어와서는 순식간에 물의 소비량이 느니 물이 나오지를 않는다. 지하수를 이용하는 곳이라 한계가 있는 모양이다. 물 저장하는 탱크가 작지 않다는데 산의 두 능선이 함께 수로가 연결되어 있어 순식간에 일어난 것이다. 발 빠르게 조금씩 받아둔 집은 그나마 식수는 해결이 되는데 손님을 초대하고서 난감한 일인 것 같다.

밤중에는 다시 물이 나오다가 아침이 되니 다시 물이 나오질 않았다. 근처 계곡으로 가서 그릇을 씻는 사람들도 있었다. 몇 시간이 흘러 다시 시원한 물이 나왔다 점심을 해 먹을 수가 있었다. 이러한 상황이라면 대책이 있어야 한다. 울주군청 산하인 이곳에는 상수도도 넣을 수 없다는 것이다. 예산 관계상 너무 큰 비용이 든다. 분명 대책은 있어야겠다.

집 근처에 물 저장 탱크가 있으면 좋을 것 같다. 계곡에 맑은 물을 흘려보내기만 할 것이 아니라 비상시에 쓸 수 있게 모터를 이용한 저장을 해 두면 여러 가지로 좋을 것 같다고 제의를 했다. 아랫집 교수님과 같은 맥락으로 그렇게 할 생각이 많아졌다. 다른 제의라면 스스로가 한껏 번에 많은 가족이 들어오는 것을 삼가면 되지 않을까 싶기도 하다.

모처럼의 휴가를 보내고 가야 하는 형편인데 물의 부족으로 여러 가지 스트레스를 받을 수 있는 계기가 되지 않을까. 기관이 할 수 없는 것은 개인들의 주관으로 빨리 해결하는 방법을 택해야 할 것 같다.

기온이 조금 낮아졌다고 하지만 바깥은 햇볕에 금방이라도 타 오그라들 정도이다. 모자도 아랑곳하지 않는다. 오히려 집안이 시원하다. 영국 런던, 올림픽 소식에 더위를 잊는다.

우정友情

기장군 장안읍 좌천의 남녀공학인 중학교다. 많은 시간이 흘렀고 세월 또한 훌쩍 건너뛰어 버린 것 같다. 도시로 진학할 수 있는 마지막 기수로서 추억도 많았고 고행도 많았다. 십 리, 이십 리 길을 무거운 가방 들고 걸어 다녀야 했던 그 시절, 그래도 꿈이 있어 도회지로 진학한 친구도 있었고 부모님을 도와 농사에 전념하는 친구들도 있었다.

우리는 비포장도로에 먼지가 휘날리고 바람 나무가 반짝이는 십 리 길을 걸으면서 하늘에 몽글몽글 떠가는 하얀 구름을 보고 꽃 같다고도 하고, 길 떠나는 나그네 같다고도 했다. 변화되는 꽃구름을 보고서 새가 날아가는 모습 같다. 무당이 춤추는 모습 같다. 각자 생각이 다르고 바라보는 시야가 달랐기에.

흐르는 세월을 두고 물같이 빠르다고도 하고 세월이 지겨워 한탄하는 이들도 있다. 서로가 삶을 살아가는 방식이 달라서이지. 자꾸만 그때를 찾아 헤매는 것은 어쩔 수 없는 삶의 허무로 무지개를 잡고 싶어도 잡을 수 없는 신비로움 때문만은 아니겠지. 친구들의 삶이었다.

꽃은 피어 시들기에 더욱 아름다워 보이고 늙어가는 것이 아닌 익어가는 것이기에 위대하다. 우리 삶은 붙들 수 없음에 더 소중하고 귀한 것이 되는 것이다.

중등 친구들이, 여러 초등 친구의 합심으로 순천 꽃 박물관 나들이를 다녀왔다. 세월의 무상함일까? 이마에는 잔주름으로 그림을 그리고 검은 머리는 흰 파 뿌리처럼 희끗희끗 변해버린 모습들이다. 마음은 여전한 중등 3학년생들이다. 이름을 부르는 시기는 한참들 지났건만 여전한 명칭들은 머슴애야 계집애야 참 정겹기도 하다.

버스는 달리고 세상이야 어찌 되었든 한바탕 춤의 경연대회가 열렸다. 지역 초등학교의 춤이 나들이의 진가를 보인다. 친구 중의 한 명이 상금으로 10만 원을 걸었다. 먼저 정관 초등생 팀이 일렬로 비좁은 버스 통로에 꽉 메우고는 각 5분의 시간을 준다. 5분의 시간이 그렇게 길게 느낀 것은 오랜만이었다. 정신없이 손발을 흔들고 나니 온몸이 땀이 나고 숨이 가쁘기도 하고 얼굴은 홍색이 되었다.

이어서 좌천 초등생이 나왔다. 한 친구는 말이 없고 점잖은 중등학교 교감이다. 차례가 되니 어쩔 수 없이 나와서 몫을 해야 하니 얼마나 멋쩍어 하던지 웃음으로 버스 안은 폭소가 터진다. 이어서 장안 초등생, 월내 초등생, 칠암 초등생, 등등 평소에 안 해본 일을 겪으면서 뻐근한 몸이 다 풀리고 아픈 다리도 평정을 찾았다.

곳곳에는 벚꽃의 무리가 금세라도 튕겨 나올 듯 물오른 소녀들을 연상한다. 머지않아 곳곳에는 벚꽃의 천지가 될 성싶다. 휴게소마다 대형버스들은 형형색색이다. 볼일 보러 가는 승객들은 일렬로 줄을 서고 봄의 상춘객으로 피로한 기색도 없다. 모든 들과 산야는 또 한 차례 아파야 하는 몸살을 치를 것이다.

여수 오동도를 돌아서 갯가 내음으로 콧바람을 세고 순천에 널찍하게 자리한 순천 꽃 박물관으로 이동한다. 많은 인파가 몰려와 있지만 아직은 피지 않은 꽃들로 조금은 한적함을 보인다. 학교별로 삼삼오오 흩어져 관람한다. 정관초등 친구들은 수상 배를 타기 위해 물가로 갔다. 구명조끼를 하나씩 입고는 배에 올랐다. 내가 탄 배는 여성만 셋이서 탔다.

운전석은 그래도 좀 간담이 큰 친구가 앉았다. 그 친구 역시 겁이 나는지 오므라드는 운전으로 조금은 불안하기도 했다. 나는 뒤에서 뱃길을 조정하면서 운전하는 친구를 도왔다. 차분하게 잘하여서 순탄하게 30분을 타고 제자리로 왔다. 역시 베스트 드라이브를 했다고 칭찬을 아끼지 않는다.

다른 배에 탄 친구들은 해기사 자격증을 가진 남자 친구가 운전했다. 묘기를 하는지 뒤로 가기도 하고 요술을 부리더니 호수 복판에서 멈추었다. 우린 이유도 모르면서 걱정을 한다. 도중에 배터리 충전이 모자라서 멈추었다고 한다. 물 위에서 사고는 순식간에 일어날 수도 있다. 금방 안전요원이 도착하여 배를 서서히 끌고 간다. 다시 즐겁게 배를 타고는 늦게 도착을 한다.

꽃 박물관에는 많지는 않지만 여러 가지 꽃들이 피어있고 모종도 팔고 있었다. 튤립 모종 두 포기와 제라늄 한 포기를 샀다. 농장 언덕배기에 심을 것이다. 아직 피지 않은 튤립은 꽃이 피어나올 듯 말듯 앙증스러운 자태이다. 제라늄 꽃은 한 꽃대에 여러 꽃이 피고 꽃 색상이 아주 엷은 분홍색으로 보인다.

순천시에서는 꽃 박물관을 만들어 관광객들을 유치하기 위한 배려로 보이지만 많은 공을 들인 것에 비하면 초라하고 조그마한 상점은 있었지만, 먹을거리가 허술하고 빈약함을 느낀다. 한참을 지나 춥기도 하고 목이 말랐지만 어디 한 곳 목축일 음식들이 없었고 피려야 필 수 없는 박물관으로만 보였다.

좀 더 보람 있는 공간으로 만들어졌으면 하는 아쉬움으로 남는다.

꽃은 모른다

길은 오르막에서 흔들린다. 흔들리면서 가는 길은 향기를 품어낸다. 꽃은 피면서 흔들린다. 흔들리면서 피는지는 모른다. 나도 몸이 흔들렸다. 내 몸에서 품기는 정체를 미처 모른다. 꽃은 그의 향기를 알고 피는지 그 또한 모른다. 모르는 길이 흔들린다.

들녘에 너부러지게 피어 있는 노란 국화꽃은 향이 그윽하다. 가식 없이 군락을 이루어 각기 모양새를 뽐내고 향기를 품어낸다. 자유로움 때문인지 아량이 있어 보여 눈이 자주 가게 된다. 햇볕을 골고루 쬐어서 색깔도 유달리 노랗게 고와 보인다.

조경하는 곳을 찾은 적이 있다. 여러 종류의 꽃들이 제각각 뽐을 내고 향기를 발산한다. 형식에 얽매어 자유가 없는 곳에서 마음껏 꽃의 구실을 할 수가 있을까 하는 생각이 든다. 형식 없는 자연 그대로의 꽃들보다 인간이 연구하여 재배한 꽃들은 그 어떤 꽃과는 비교되지 않을 정도로 다양한 색깔로 아름다움을 보인다.

예쁜 꽃이 생명이 짧음에는 이유가 있다. 남달리 특이한 점을 가지니 눈에 띄게 되어 사람들의 손에 자주 꺾인다. 눈을 즐기고 코를 즐겁게 해 주는 것만으로도 꽃들은 충분한 제 몫을 한다. 꺾는 사람과 꺾이는 꽃은 같은 생명일지라도 인간과 식물과의 차이점인 것 같다.

미인박명이란 말도 있다. 누구나 그런 것은 아니지만 모습이 천하일색인 사람은 덕이 모자라거나 생명이 짧다는 것이다. 미인은 흔히 불행하거나 병약하여 요절夭折하는 일이 많다는 뜻으로 생각할 수 있다.

아름다운 꽃들에도 각각의 명언을 가지고 있다. 마음 밭에 사랑을 심으면 자라면서 행운의 꽃이 된다. 꽃은 한 송이만 피어도 봄이 온 줄을 알 수 있다. 착한 사람을 일러 곁에만 있어도 난초가 곁에 있는 것처럼 향기롭다고 한다. 꽃을 알아야 꽃을 가꿀 줄도 안다.

꽃을 주는 것은 자연이고 꽃을 엮어 화환을 만드는 것은 사람의 손끝이다. 한 송이의 자그마한 꽃을 피우는 데도 오랜 세월의 노력이 필요하다. 너부러지게 흩어진 들녘의 꽃이라도 자신을 내세우지 않아도 향기를 찾아서 벌과 나비들이 찾기 마련이다. 꽃은 본능 때문에 피는 것이지 예쁨을 보이기 위해서 피는 것은 아니다.

꽃과 열매는 저절로 인간이 찾게 되는 길을 만드는 것 같다. 이 세상 그 어떤 아름다운 꽃들도 흔들리며 흔들리지 않고 피는 꽃이 있겠는가. 절제된 아름다움이란 불필요한 것을 걷어내고 최소한 있어야 할 것으로만 본질적이고 간소한 삶이 아름다운 것이다. 이것을 한 송이 꽃으로 피어난 모습으로 비유하고 싶다.

꽃은 화분 속에 있기보다는 자연 속에 있을 때가 더 아름다운 것이며 새는 산속에서 지저귀는 새가 자연의 맛이 나지 않을까 싶다. 너무 고운 꽃은 향기가 없다고 한다. 진실성이 없는 말이 열매가 없다는 것이나 무엇이 다를까 싶다. 꽃은 사라져도 씨앗은 남아서 다시 수레바퀴처럼 내일을 꽃피운다.

꽃을 좋아하는 사람들은 꽃을 꺾으면서 사랑을 나타낸다고 하지만 꽃을 사랑하는 사람들은 꽃에 물을 주어서 사랑을 표현한다. 꽃에 향기가 있듯이 사람에게도 품격이란 향기가 있다. 사람의 마음이 맑으면 품격을 간직할 수가 있듯 꽃에도 그 생명이 생생할 때 향기가 신선하다. 인간과 꽃이 품격과 신선함이 비례성이 있는 것 같다. 이는 생생하게 피었다 추하게 떨어진 백합꽃이 잡초보다 냄새가 어지럽다.

물망초가 언제나 나를 잊지 말라며 사랑받기를 바라는 것과 백합의 숭고함은 대표적인 아름다움으로 사랑을 받는다. 열정적인 사랑의 꽃말인 장미는 예쁜 꽃일수록 가시가 꽃을 꺾는 것을 막으려고 독기를 낸다고 한다.

인간이 아침에 일어나 힘차게 활동을 하다 저녁이 되며 쉼터를 찾아 집으로 들어가는 것과 같이 튤립은 아침에 만발하여 활기를 찾다 저녁이면 오므라든다. 애정의 고백이라는 정표로 날씨에 매우 민감한 꽃이다. 반면 저녁에 피었다가 아침에 시드는 꽃 중에는 물망초가 달을 애처롭게 기다리는 듯 밤에만 피는 것도 있다.

카네이션이 사랑과 정성을 나타내듯 생전의 붉은 꽃인 데 비해 영전에는 흰 꽃으로 애도의 사랑을 나타낸다. 봄에 피는 꽃과 여름 꽃이 지나고 가을이 되어 생각나는 꽃은 국화이다. 그래서인지 서예를 하면서 받은 호가 남국南菊이었다.

가방

가방의 역사는 아주 오래된 것 같다. 대중화되기까지는 많은 시간이 걸렸다. 신분계층에 따라서 가방의 크기가 달랐다는 것이다. 작은 가방일수록 아름답게 장식되어 신분이 높은 사람들의 귀중품을 넣어 다녔다. 큰 가방은 서민들의 신변 물건이나 먹는 것을 넣고 다녔다. 점차로 개량이 되어 실용적인 목적보다 패션을 위한 것이 되었다. 그러고 보니 내 가방에는 언제나 여러 가지의 것들로 가방이 크면서 알차다. 나는 아직 서민에서 벗어나지를 못했는지. 가끔은 다 버리고 아주 앙증맞은 가방으로 귀족이 되어 보고 싶을 때도 있다.

여행 가방은 19c 중엽 유럽에서 처음으로 등장을 했고 여성들의 핸드백은 20c에 들어와서 대중화되었다. 여성의 핸드백은 실용과 패션을 동시에 겸했다는 점에서 순식간에 전 세계적으로 퍼졌다고 한다.

우리나라의 가방 유래에는 사람의 몸에 휴대해서 짐을 챙겨 흐르지 않게 포장하는 그릇으로 볼 수 있다. 또는 보부상들의 운반 수단으로도 많이 쓰였다. 손에 드는 보자기, 머리에 이는 자루, 등에 지는 고리짝, 등짐을 지는 지게 등이 있다.

선비들의 등에 지는 괴나리봇짐이 있으며 활 쏘는 사람들이 어깨에 메는 화살집, 농사나 약초꾼들이 쓰는 망태, 사냥꾼들의 멜빵 등의 여러 가지 형태가 있다. 용도별 형태 변화에 따라 손에 드는 가방으로 변화하여 책가방, 서류 가방, 장바구니 또는 바퀴 달린 여행용 짐 가방, 여성들의 화장품이나 소지품을 담는 핸드백 등 다양하게 발전하게 되었다.

옛날 우리 선조들은 희고 큰 베보자기를 사용했다. 길을 가거나 객지로 여행을 떠나는 데 쓰이는 물건들을 넣고 말아서 꾸린 짐을 등에 짊어지고 다녔다. 특히 가난한 과객이 봇짐을 지고 과거를 보러 갈 때는 필수적으로 종이, 먹, 붓, 벼루 등이 들어 있다. 보따리에는 베 멜빵이 달려 짚신을 달고 두 어깨에 짊어지고 다녔다고 한다.

특색 있는 배낭 가방은 옛날에는 두꺼운 면을 사용하였으나 오늘날에는 비닐이나 나일론 제가 대부분이다. 오늘날 사용되는 배낭은 유럽에서 발달한 것으로 등판의 위치, 형상, 크기, 포켓의 모양에 따라서 그 종류가 다양하다. 실용적인 가방의 크기 또한 사용 목적에 따라서 손지갑에서부터 대형 트렁크 같은 종류도 있다. 경기를 목적으로 하는 골프 가방은 색상에서부터 아주 격조 있게 만들어지고 있다.

내가 어렸을 때는 학교에 들어갔어도 가방이라는 것이 변변치 못했다. 부유한 몇몇 아이들만이 가방을 들고 다녔던 것 같다. 포플린 사각 보자기에다 책을 싸서 여학생들은 허리춤에 메고 다녔고 남학생들을 이깨에 가로질러 메고 다녔다. 조금 변화를 하여서는 사각 보따리를 펴고 반대 방향으로 책을 돌돌 말아서 가방 모양을 하고서 손에 들고 다녔다.

2~3년이 지나서는 어머니가 꽃무늬가 새겨진 천으로 예쁘게 가방을 만들어 주셨다. 비가 오기라도 하면 책이 다 젖어 방구들에다 펼쳐 놓고 말리기도 했다. 이러한 단점을 고려하여 자주색 가방, 감색 가방을 손에 들고 다닐 수 있는 계기가 된 것 같다.

형편이 어려운 한 산골짜기 아이는 도시락 가방에 대한 추억을 마음속 깊이 간직하고 있었다. 형제가 많아 몇 개의 도시락을 싸야 했다. 그 아이는 쌀 한 톨이 도시락에 얹힐 수가 없었다. 언제나 겨울에는 고구마 도시락으로 끼니를 때우고 여름에는 감자 도시락으로 끼니를 때웠다고 한다.

여름 어느 날은 매우 더웠다. 도시락을 여는 순간 쉰 냄새가 났다. 도시락을 열지도 못하고 친구들이 볼까 얼른 닫았다. 그리고는 온종일 굶었다. 철이 없던 아이는 집에 가서 어머니를 많이 원망하면서 울었다고 했다. 후에 그 친구는 주경야독하여 검정고시로 고교를 마쳐 대학은 한의학과를 졸업하고 명성 있는 한의사가 되었다.

중학생이 되었다. 매일 왕복 8킬로를 걸어 다녀야 했고 감색 교복에 감색 책가방을 들었다. 처음으로 가방을 사고서 얼마나 좋았던지 흙이 묻을까 때가 탈까 애지중지 다루었던 기억들이 난다. 그 가방 하나로 3년 동안 수많은 앎을 넣어준 지식의 가방이 되었다.

그 당시는 장갑이나 내의가 흔하지 않은 시절이다. 지금 생각하니 정말 추웠다. 손이 시려서 어른들이 불을 질러 탄 뜨거워진 돌을 손에 쥐고 굴러가면서 학교에 다녔다. 새삼 기억이 뇌리를 스치고 지나간다.

전화나 통신수단이 발달하지 않았을 때다. 객지에 나가 있는 자식이나 군대에 보낸 자식을 기다리는 부모들이 많았다. 반가운 수단은 오직 가죽 가방을 둘러멘 집배원 아저씨를 기다리는 마음도 있었다. 자주 갈 수도 없었기 때문에 급한 일이 있으면 전보를 치는 경우도 있었다. 지금에야 통신의 발달과 인터넷의 보급으로 편리한 세대의 위력이 얼마나 위대한 것인지 모른다.

가방을 사용하는 시기만 되면 메이커라니 명품이라니 가지각색의 경쟁 물품들이 물밀 듯이 쏟아져 나온다. 과용 않고 분위기에 맞는 경제생활의 모습이었으면 싶다.

도刀

달 밝은 밤의 그림자는 유난히 크게 보인다. 달이 클수록 비치는 우수도 크게 느껴진다. 필생즉사必生則死 사필즉생死必則生이라는 명언을 남긴 충무공 이순신 장군의 시가 뇌리를 스친다.

> 한산섬 달 밝은 밤에 수루에 홀로 앉아
> 긴 칼 옆에 차고 깊은 시름하는 적에
> 어디서 일성호가는 남의 애를 끊나니

칼은 쓰임에 따라서 두 얼굴을 가지고 있다. 칼은 식칼이 되기도 하고 흉물로 변하기도 한다. 잘못 다루어 손가락을 베이기도 하고 찔리기도 한다. 부주의로 인한 잘못은 언제나 지나고 나서야 후회를 한다.

칼이 흔치 않은 옛날에는 칼 대용으로 이빨을 많이 사용하여 물건들을 자르기도 했다. 치아가 좋지 못하여 먹을 수가 없어 살아가는 햇수가 줄어들어 단명한 선조들은 칼 대신 치아를 자주 사용한 것 같다.

칼은 목숨에 위협을 주면서 돌이킬 수 없는 상황이 되기도 한다. 몇 년 전 미 주한대사 마크 리퍼트가 어느 괴한에 의해 피습되는 어처구니없는 사건이 발생했다. 목숨을 잃을 뻔했던 위협이었다.

나라를 수호하기 위해서 적과 싸움에서는 대검을 휘둘러야 한다. 서로 죽이고 죽고 하여 많은 인명 피해를 만들어 생명을 앗아가기도 한다. 모두는 빼앗고 빼앗기지 않으려는 대결에서 총, 칼을 휘두를 수밖에 없는 상황이 된다.

주위에는 경제적 이권 관계로 서로가 정당방위라고는 하지만 동생이 횟집을 하면서 예리한 칼을 준비하고는 형을 위협했다. 형은 시골에 살면서 항시 동물이 덮치는 위험을 방지하기 위한 허가된 총을 간직하고 있었다. 동생의 위협에 다급한 나머지 망설임 없이 총을 꺼내어 쏘아 버렸다. 다리가 아닌 배에다 정통으로 쏜 것이 장이 말리고 급기야는 사망에 이르렀다. 정당방위라고는 하지만 형은 몇 년을 형 집행을 살고 있다고 한다.

지난 주말 바닷가에 들렀다. 마침 썰물의 시간이었다. 물이 빠져나간 자리에는 야릇한 바다 고동들이 덕지덕지 붙어 있고 담치도 새까맣게 달려 있다. 파래, 펄떡 게이, 몰, 미역 등이 싱그럽다. 바위에 달라붙은 미역은 얼마나 생명력 있게 달려 있던지 손으로 뜯기에는 역부족이었다. 조그마한 과일칼의 고마움을 절실히 느꼈다. 작은 물건이 유용하게 쓰여서 큰 이득을 얻을 수 있다는 교훈을 얻었다.

칼에는 무쇠 칼이 있는가 하며 티타늄 칼, 세라믹 칼 쓰임에 따라서는 무쇠 칼, 주방 칼, 식칼 등으로 구분을 한다. 오래전 다용도 칼로 독일제 쌍둥이 칼 한 세트를 샀다. 끝이 날카로워 자칫하면 손을 벨 수 있어 항상 주의를 필요로 했다. 무쇠 칼에 비해 가볍고 잘 썰어졌다. 양이 많은 것을 썰게 되는 경우가 있었다. 칼의 각도랄까. 손놀림에 맞지 않아 손목이 아프고 미끄러지는 점이 있었다. 칼은 쓰는 사람의 손에 맞아야 항상 애용하게 된다.

칼날이 무뎌도 애용하는 칼은 국산의 칼날이다. 쌍둥이 칼이 좋다고는 하지만 가끔 사용할 뿐이다. 명성이 있다고 다 좋은 것은 아니다. 우리 몸에 맞고 우리 손에 맞는 것이 명품인 것 같다.

요즘같이 지천에 널려 있는 모든 물건은 흉기로 둔갑을 할 수 있다. 칼날도 사용에 따라서는 무서운 무기가 될 수 있고 부드러운 악기가 될 수도 있다. 맛있는 요리를 만드는 요리사가 되기도 한다.

겨울이 다가오면 김치를 담그는 월동준비를 한다. 두껍고 통통한 배추를 몇십 포기를 자르는 일은 힘겹다. 이때는 무디다고 인기 없이 자리를 메우고 있던 무쇠 칼은 제대로 진가를 발휘한다. 두터운 칼로 통통한 배추를 반으로 뚝 자르면 안에는 노란 보물을 숨기기나 한 것처럼 빼곰이 얼굴을 내민다. 속이 꽉 찬 배추를 잘라서 소금에 절일 때는 피곤한 줄도 모르고 배추와 함께 즐거운 겨울을 맞이하고 김치 통마다 온갖 종류의 풍성한 사연을 간직하고 있다.

요즘에도 무쇠 칼 하나 장만해 두고 아주 유용하게 쓰고 있다. 칼은 숫돌이나 줄을 사용하여 칼날을 세운다. 녹이 잘 스며드는 무쇠 칼이지만 어쩐지 무던하고 정이 많은 너그러운 여인의 마음 같다.

추풍낙엽에 저도 날 생각는가

35년 전, 연락도 없이 외국으로 떠난 친구가 있다. 도회지 학교 나와서 가장 먼저 알게 된 옆 짝꿍, 지금 어떻게 살고 있을까 많은 세월이 흘렀건만 알 길이 없다. 친구와 나는 삶의 환경이 달랐다. 지금은 신도시가 된 정관읍이 내가 태어난 곳이다.

중학교는 왕복 20리 길, 여름에는 양 길가에는 바람 나무가 싱그러움으로 거리를 좁혀주고, 겨울에는 동녘에 떠오르는 햇살을 맞으며, 개구쟁이 남학생들을 따돌려 가며 구운 돌을 호호 불며 호주머니에 넣어 중학교에 다닌 추억이 떠오른다. 3학년이 되어 도회지로 진학의 문이 열렸다. 당시 부산으로 진학할 수 있는 마지막 기수가 된다. 가장 쉽게 바라볼 수 있는 여학교는 동래 재단의 여고로 가는 것이다. 형편이 어려워 두 여식을 시내 학교로 보낸다는 게 쉽지 않은 시절이다. 동네 사람들은 여식 아이 둘 학교 보내고 깡통 차고 나앉을 거라고 빈정거리는 사람도 있었다.

먼 장래까지 내다보고 백년대계百年大計를 위한 계획이라면 철학자 스피노자는 "내일 지구의 종말이 올지라도 한 그루의 사과나무를 심겠다."고 한 명언과는 일맥상통한다. 아버지는 여식이라도 공부 가르치는 생각은 한그루의 사과나무를 심는 것이나 다를 것이 없다고 믿었기 때문이다.

그리하여 내가 동래여고로 가게 된 동기가 된다. 체구가 자그마하고 여리고 약하기만 한 여식을 아버지는 언제나 애처로워했다. 입학하고 오월 말에 개교기념일이 되어 세계 민속경연대회가 있었다. 그것이 이 학교의 마지막 경연대회가 될 줄은 까마득히 몰랐다. 당시 흙집이었던 위채를 헐어내고 기와집을 짓고 있어 아버지만 학교에 참석하셨다. 나는 아프리카 방패 춤추는 반이었다. 방패를 들고 알록달록한 옆이 트인 긴 치마를 입고 얼굴에는 시커멓게 먹칠을 했다. 도시 아이들에 비해 작고 여려서 아버지는 집에 오셔서 우리 애는 좀 더 먹여야 하겠더라고 어머니가 일러 주신다.

나와 짝꿍이 된 친구는 가정이 부유하고 하얀 모습에 예쁘고 귀엽기도 했다. 선생님들의 사랑도 받기도 했다. 마음까지도 착했다.

학년이 올라가면서 반이 갈라지는 경우가 있어 친구는 공부도 잘해 부반장을 맡았다. 가는 길이 같아서 항상 어울려 집에 가는 경우도 많았다.

나는 학교 부근에서 언니랑 자취했다. 방이라야 겨우 책상 하나 넣고 둘이서 누울 수 있는 곳이다. 겨울이 오면 불을 때야 난방이 되는 방, 주인집 할머니는 불을 때 주지 않아 겨울에는 두꺼운 이불 하나에 두 사람의 온기로 잠들기도 한 환경이 지금의 생활과는 너무나 대조적인 생활이었다. 그래도 부모님을 원망하거나 불평을 한 적도 할 수도 없었다.

후에 어머니가 후회를 아주 많이 하셨다. 여식들은 따뜻한 방에서 생활해야 하는데 본인의 무지였다고. 소牛라도 한 마리 팔아서 조금은 나은 환경에서 생활해야 하는데 할머니의 손아귀를 못 벗어나게 하는 것만 능사라고 생각했기 때문이다. 그것은 어머니의 깊은 사려 때문이기도 했다. 시골 동네의 언니들이 도회지로 간 몇 명이 남자 친구들과 어울려 잘못되는 경우를 보았다.

친구는 형편이 부유했기에 도시락 반찬부터가 달랐고 모든 것이 조금은 상반되는 경우이다. 시골의 학생들은 빈번한 학원도 제대로 생각을 못 했는데 국영 수 과목을 개인 그룹과외를 하여서 많은 부러움의 대상이기도 했다. 친구는 대학에서 영문과를 가고 나는 사회인이 되어 세관에서 근무했다.

김장철이 되면 굴이 송송 들어있는 김치를 몇 조각씩 갖다 주기도 한 친구는 여러모로 힘이 되어 주었다. 이 모든 것이 내가 그 친구를 잊을 수 없는 것들이다. 세월이 많이 흘렀지만, 그 친구를 잊은 적은 없다. 언젠가 한 번쯤은 찾을 것이라고 믿고 있었다. 친구를 통해 듣는다. 일찍이 미국으로 건너갔다고 했기 때문이다. 나 혼자만의 짝사랑이 되고 있었을까. 가끔 한 번씩 그 친구가 꿈속에서 볼 수 있었는데 나를 보고는 숨어버리고 멀리 피해 가는 모습을 보고는 의아해하기도 했다.

좀 더 일찍이 친구에 대한 나의 애정이 있었더라면 하는 뉘우침의 아쉬움이 맴을 돈다. 그때는 어렸고, 철이 없었고 지금처럼 연락의 기구들도 흔치가 않았으며 아이들 키우면서 생활에 지쳐 있었는지도 모른다.

얼마 전 다른 친구를 통해 그 친구가 국내에 나왔다고 한다. 연락처를 물었다. 그 친구는 전화기도 없었으며 아주 수수한 모습으로 우리의 정서와는 다르게 보였다고 했다. 듣는 순간 마음이 아리고 생이 그렇게 순탄하지 않은 것인가. 늦게 서울서 결혼식을 하고 직장이 괜찮은 남자 만나서 남부럽지 않게 살아간다고 하는데 무슨 이유인지 알 수가 없다. 그냥 소식 없이 명절을 앞두고 출국했다고 한다.

내가 결혼 전 그 친구를 만났을 때는 마음이 매우 아파 있을 때였다. 아버지가 금고에서 보증을 잘못 서서 높다랗게 지은 이층집이 넘어가고 바로 위 오빠가 요절했다는 것만으로도 알 수 있는 고뇌가 많았던 것 같다.

아픔을 나누면 반이 된다는 것 친구에게 정말 아픔을 알리고 싶지 않았음인지 나는 거두절미하고 친구 만나기를 고대하고 기다리는 마음을 알지 못함에 있어, 나의 결혼식 사진에 친구의 모습이 있는 시월이 되면 추풍낙엽에 나만 저를 생각했는가. 하여 짝사랑한 마음 서운함은 견줄 때가 없다.

부안에 명기 시인으로서 매창*이 생각이 난다. 그녀의 첫 연인이 되는 유희경**의 그리움을 짝사랑으로 달래며 지은 〈이화우〉란 시가 유난히 머릿속에 맴돈다.

이화우 흩날릴 제 울며 잡고 이별한 임
추풍낙엽에 저도 날 생각는가.
천 리 외로운 꿈만 오락가락하노라

친구의 몇 마디 전달에 이제는 짝사랑 그만하고 편한 마음으로 친구를 잊어가는 시간을 가지고 사는 것이 순리가 될 것 같다.

---

* 본명은 이향금, 부안의 명기로 한시, 시조, 가무에 다재다능한 예술인, 조선 최고의 여류시인. 황진이 허난설헌과 삼대 시인으로 불림.
  문집 ≪매향집≫이 있음.

** 촌은 유희경(劉希慶, 1545~1636)은 조선 중기 선조 때 시인,
  문집 ≪촌은집≫이 있음

그곳은, 광활한 대지다

천만 명의 도시 상하이

여행을 좋아하는 여행 마니아들의 마음을 이해할 수 있는 계기가 되었다. 초등학교 친구들의 해외 첫나들이, 이미 중국 여러 곳을 다녀온 친구도 있었고 해외여행이라면 처음인 친구도 있었다. 처음인 친구는 너무나 마음이 들떠서 여러 날 전부터 잠을 설치기도 한다. 그 친구는 40대 혼자가 되어 아이 셋을 공부시키고 제과점 운영을 하면서 생업을 책임지고 있으니 대견한 친구이다. 너무나 즐거

워해서 우리들도 덩달아 신이 나는 여행을 한 것 같다.

중국 상해로 출발하여 1시간 20분쯤 지나 상해 푸둥 공항에 도착한다. 수속을 마치고 공항을 빠져나오니 정말 공항의 넓이가 넓었다. 모든 것이 오래되었다는 징표라도 하듯 색상들은 낡아 있다.

대국의 느낌이랄까 전용 버스를 타고 목적지로 이동하는데 가도 가도 끝없는 넓은 대지에 사람들의 왕래는 볼 수가 없다. 날씨가 흐린 탓일까 미세먼지일까 부옇게 하늘도 묻혀 버리고 시야는 가까운 것만 아련히 보일 뿐이다. 푸른 하늘이 그리울 때가 많은 중국 제2의 도시로서 정치, 문화 도시가 아닌 경제도시로 물이 풍부한 곳이다.

드라마 카인과 아벨의 촬영지인 주가각에 도착, 주가각 또한 상해 청포구 내에 자리 잡고 있는 물이 많은 도시란다. 옛 주씨들의

터전으로 크게 장사를 하여 이루어 놓은 성 같은 집이다. 지금은 몇 차례 주인이 바뀌면서 정부에서 관리한다고 한다. 물이 많은 그곳에는 조그만 나룻배를 이용하여 다음 장소로 이동을 한다. 물은 깨끗하지는 않았지만, 그곳의 사람들은 그 물로서 온갖 것을 다 한다니.

나룻배를 타고 방생교를 관람, 중국 본토의 시장으로서 물건을 사기보다는 외국인을 유치하기 위한 시설이 더 중요한 것 같다는 느낌이다. 장사하는 거리는 온통 하수구 냄새로 인해 한시도 더 걸어 다닐 수가 없다. 큰 나라라고 하지만 정부의 손길이 그리 많이 닿지 않은 곳 같기도 하다.

상해에서 맑은 날씨로 햇빛을 볼 수 있는 횟수는 일 년에 60일 정도이다. 한창 발전하고 있는 곳곳의 건물들이 높아만 가고 공해로 인한 기후 온난화 현상이 아닐까 싶다. 소나기가 자주 내리는 상해는 날씨가 맑고 파란 하늘을 볼 수 있다는 것은 여행지에서의 축복이 될 수 있다는 것이다. 오랜만에 햇빛을 볼 수 있는 날이다.

상해 황푸강 유람이나 상해 야경을 보려면 밤을 잘 맞추어야 한다. 상해의 하이라이트인 도방 명주와 황푸강 유람을 통한 상해 야경은 빼놓을 수 없기 때문이다. 상해 최고의 야경을 보기 위해서는 황푸강 유람을 통해 아래에서 위를 바라보는 것이 가장 황홀하다고도 한다. 이번 여행에서는 버스를 타고 지나면서 황푸강 유람을 볼 수만 있었고 다음 기회를 기대해 보기로 한다.

대한민국임시정부 구지관리처大韓民國臨時政府舊址管理處를 방문한다. 항일 독립운동의 중심이 되었던 그곳 그분들이 없었다면 내가 이 나라에서 존재할 수도 없었겠다 싶다. 처음으로 갔지만 다 둘러보고 난 다음 나름의 기부금을 받고 있다. 일행은 몇 차례 왔다고 하면서 기부금에 대해서는 언급이 없다. 일행 중의 한 사장님이 조금의 기부금을 내놓는다. 나 또한 다녀온 기념으로 방명록에 기재하고 소액의 기부금을 내었다. 답례품으로 조그마한 수저통을 받았다. 소중함으로 고이 보관해 줄 것이다.

부산의 광복동 거리를 방불케 하는 상해의 문화거리를 관람한다. 다양한 공방, 화랑, 액세서리, 쇼핑상품들이 즐비하다. 우리 취향에 맞지 않아 사고픈 충동이 일지가 않아 눈 쇼핑만 했다. 전날 소나기가 많이 내려 쇼핑을 할 수 없었던 중국인들의 모습이 날씨가 좋은 날에는 일시에 다 모여든 것 같이 복잡하기가 이를 데 없다. 또한 여행자들의 쇼핑과 휴식으로 즐기기에 좋은 명소이란다.

저녁 시간을 맞추어 상하이에서 유명하다는 서커스 공연장을 들른다. 많은 박수갈채와 더불어 섬세한 집중을 요구하는 기술이기에 아찔하기도 하다. 사진이 절대 불가하다는 관계로 한 장도 찍을 수가 없다. 관람하는 자만이 보고 느끼고 가는 곳이다. 중국의 서커스가 그렇게 감동을 주고 감탄스러운지는 몰랐다. 종류는 여러 가지고 아찔한 광경으로 전율을 느낄 수는 있지만, 공연하는 분들의 위험성이 얼마나 많은 훈련과 연습을 하였을까 하는 안쓰러움이 없지는 않다.

중국은 휴양보다 관광을 선호하고 꽉 찬 일정을 소화하고 가장 볼거리가 다양한 여행지로서 좋은 여건이 되어 있는 것 같아 앞으로도 수많은 관광객이 다녀갈 것으로 보인다.

중국 황룡의 자연풍경구

상해 푸둥 공항에서 출발, 3시간 30분을 비행, 오전 11시가 지나서 구채구 공항에 도착한다. 날씨는 아주 청명하고 주위는 선명하고 깨끗하다. 상하이의 날씨와는 전혀 다르다. 우리들의 입맛에 맞는 식당에서 점심을 먹고 황룡 자연풍경구를 향해 이동한다.

달리는 버스는 고불고불 티베트족들이 사는 곳에 도착. 2008년 그곳에는 대지진 참사로 인하여 관광이 중단되었던 곳이다. 정부가 모든 것을 입수하고 살아갈 수 있는 집을 지어주고 관광객을 받아들이고 있다. 이곳 티베트족들은 평소에 목욕을 잘하지 않는 풍습이 있어 더럽고 냄새가 많이 난다. 그들은 평생에 세 번 목욕하는데 태어날 때는 어머니가, 결혼할 때 본인이, 죽을 때는 자식이 씻어준다는 풍습이 있었다. 정부에서 집을 지을 때 태양열로 온수가 나오게 하고 관광객을 받으려면 좀 씻으라고 하여서 풍습이 많이 달라졌다고 한다.

높은 바위들과 들판에는 초원으로 깔려 있고 야크와 말들이 한가로이 풀을 뜯고 있다. 산은 나무들이 없는 넓은 초원이다. 티베트족들은 라마교를 믿으며 단순하고 순하다고 한다.

주택은 난방시설이 없으니 난로만 피울 수 있고 추울 때는 옷을 벗지 않는다고 한다. 습하기 때문에 1층은 가축을 키우고 2층에서만 살고 3층은 라마교 불상을 모신다. 가구마다 5색 깃발을 꽂아 놓고 글자는 잘 모른다고 한다.

그곳 원주민만이 할 수 있는 산에는 송이, 능이, 목이버섯이나 동충하초 등을 캘 수 있는 권한이 있다. 전에는 유목민이 많았는데 정부에서 일 년에 한 사람당 2천만 원씩 지원해 주고 취직을 시켜주고 장사를 하게 하여 부유한 생활을 한다고 한다. 아홉 마을의 원주민 중에서 세 마을만이 정부에 손을 들어준 것이라고 한다.

그곳에는 티베트족들이 5,000명 정도 살고 있다. 그들에 의해서 황룡이나 구채구의 비경이 더 아름답게 유지될 수 있고 환경이 깨끗하게 보존이 된다. 그들의 장례문화는 우리 문화와는 달리 죽으

면 토막을 내어서 머리는 묻고 몸의 살은 독수리에게 먹인다. 뼈는 태워서 독수리가 먹으면 다음 세계는 좋은 곳으로 환생한다고 믿는다.

일반의 사람이 죽으면 수장을 한다. 조류 고기나 물고기를 먹지 않는다. 그러면 다시 태어나는 환생을 한다고 믿는다. 병들거나 나쁜 짓을 한 때는 꽁꽁 묶어 땅에 묻고는 깃발을 꽂아 놓는다. 그러면 다음에 환생하지 않고 지옥으로 간다고 믿는다. 결혼 문화는 여자가 적기 때문에 일처다부제로 하고 있으면 아이가 태어나면 제일 큰아들이 아빠가 되고 동생들은 모두가 삼촌이 된다고 한다.

달리다 보니 멋지게 집을 지어 놓고 아울러서 사는 족도 볼 수 있다. 그들은 비밀이 많은 소수민족이라 2008년 반란으로 지금은 평정이 되어 중국에 소속되어 열심히 살아가고 있단다.

버스로 7.5km 가서, 3~4시간을 걸어야 하는 고원지대로 고산병이 와서 위를 부풀게 한다고 하여 먹는 것도 조금 먹으라고 주의를 준다. 버스를 타고 오면서 벌써 고산병이 겹쳐오면서 한 친구는 머리가 아프고 울리는 증세를 보였다. 산을 오르지도 못하고 몇 시간을 버스에서 힘들게 기다린다.

황룡에는 소수민족 중 아홉 번째로 많다는 티베트족들이 살고 있으며 그들은 해발 4000m의 고지에서 원주민으로 전체 800만 명 중의 120만 명으로 이루어 산다. '이승의 성경'이라 불리는 황룡의 관광은 올라가는 케이블카를 타기 위해 줄을 서 있는 모습이 이곳에서만 볼 수 있는 광경이었다. 거기서 벌써 많은 시간을 지체한다. 아직도 지나쳐야 하는 구간이 많은데 시간이 촉박할 것 같다.

1시간 반을 줄을 서서 기다려 케이블카를 탄다. 속도가 얼마나 빠르던지 뒤로 돌아보니 아찔하다. 90도로 오르는 케이블카는 울창하게 우거진 나무와 나무 사이를 오가는 곳이다. 황홀한 비경이다. 그곳에서부터 몇 시간을 걸어서 내려와야 한다. 7시가 지나서 해가 뉘엿뉘엿 넘어갈 즈음 도착이다.

우리나라 4월 상순 정도의 기후로 한창 이름 모를 꽃들과 연초록의 잎사귀들은 싱그러움을 더해 가고 있다. 어느 정도 가다 멀리 나무 사이로 푸르게 고여 있는 옥색 물이 아련히 보인다. 그것을 보기 위해 국내외에서 많은 사람이 몰려들고 있다.

4000m 고지에 오르니 우리나라 남해의 다랑논을 연상케 하는

옥색의 물이 담긴 자연의 모습이 장관을 이룬다. 모두가 환호성을 지르고 신기하기만 하다. 물 밑에 석회석으로 싸여 푸르고 예쁜 물색깔이 된다고 한다. 그곳을 지나 조금 더 내려오니 바닥이 누렇게 굳어버린 곳은 물이 수도 없이 흘러내리고 있다. 중턱에 UNESCO가 세계자연문화유산으로 지정한 황룡을 기념하기 위해 지은 사당 황룡사를 관람하고 지는 해를 바라보며 서둘러 내려온다. 고지의 기압이 낮아지고 외투를 준비 못 한 친구들은 추워서 많이 떨기도 했다.

몇 시간을 걸으면서 아름다운 경치는 한없이 가슴에 담았지만, 숙소에 이르니 다리가 모이고 심한 피로로 눈이 감긴다. 저녁 식사로 한국식 삼겹살 구이가 나오는 식당에서 시원한 맥주로 목을 축이고 입맛에 맞는 식사를 했다. 한국에 돌아가 누구에게라도 이곳 황룡을 한 번쯤은 관광해 보라고 권유해 보고 싶다.

중국 아홉 마을의 구채구

중국의 구채구(九寨溝, 주자이거우)는 골짜기 안에 아홉 개의 장족 마을이 있어 지어진 이름이다. 그야말로 원시적인 자연이 보존된 아름다움이 가미된 유네스코 세계문화유산으로 지정되어 있다.

구채구 명소로는 수정 폭포, 서우해, 낙알강 폭포, 거울호수, 진주탄 폭포, 오화해, 판다해, 장해 등을 꼽을 수 있다. 여기서 폭포는 장관을 이루는 것은 말할 것도 없으며 다섯 가지의 빛깔로 어우러지는 오화해, 유일하게 판다들이 뭉쳐서 물을 마시고 산다는 판다해가 아주 인상 깊다.

이른 시각에 맞추어 버스 주차장으로 간다. 이미 많은 관광객의 인산인해로 중국인, 일본인, 한국인들의 모둠 장소인 것 같다. 먼저 정부에 손을 들어준 티베트 원주민들의 세 개 마을 중 한 곳의 주거

지를 둘러보고 이 마을들은 정부에서 해마다 한 사람당 이천만 원씩 지원하고 직업을 구해주어 주민관광 상품을 판매할 수 있는 상가를 운영하고 있다. 6개 마을의 원주민은 아직도 자연인으로 살아간다.

티베트 원주민 마을의 가이드로 일하는 조선족 3세인 여성은 여기처럼 오지에서 3년을 근무하게 되면 중국 최고의 직업인 공무원으로 임용이 된다고 한다. 저녁에는 식당에서 아르바이트로 일을 하며 열심히 살아가는 모습이 그 옛날 우리를 보는 것 같다.

중국이 물이 부족하다는 말을 무색하게 한다. 심산계곡에서 쏟아

지는 수정 같은 폭포수는 뭐라고 형용할 수가 없다. 산이 두 손 모아 물을 모아둔 듯하고 웅장한 폭포수는 거대한 물 커튼을 만들기도 하고 오색찬란한 물이 흘러내리는 구채구는 신선이 살아가는 곳이랄까. 그곳에 서 있으면 신선이 된 것 같은 기분이 들게도 한다.

구채구는 해발 3,000m에 이르는 고산지역이다. 114개의 푸른 호수와 17개의 아름다운 폭포, 11개의 산을 깎아지를 것 같은 급류, 5개의 칼슘화 여울이 있으며 9개의 티베트 마을로 이루어진 동화 속에 있을 법한 느낌을 받는 아름다운 비경이다. 114개 중의 최고의 절경인 3개를 둘러보고 주차장에 도착하니 많은 사람과 관광버스들이 줄을 서고 버스 타기에 아우성친다. 요즘에는 예전과 달리 중국인들의 관광 모습이 높은 비율을 차지한다고 한다.

2008년 황룡의 대형 지진 참사가 있고는 한동안 한적했던 곳이지만 다시 모여든 관광객들의 수는 이미 몇 십만 명을 능가한다. 구채구의 군데군데 버스를 타고 내려오면서 폭포를 관람한다. 4개의 폭포는 산맥을 타고 쏟아지는 해맑은 물은 장관을 이룬다. 일행들은 가는 곳마다 탄성을 지른다. 이곳 안전하게 오르내리는 올레길은 모두가 나무로 만든 계단이다. 나무의 풍부함이 한눈에 들어온다. 미끄럼을 방지하기 위한 깔개를 한 곳도 있고, 미끄러지듯 흘러내리는 물의 속력은 깊은 산에서 쉽게 보기 힘든 절경이다.

입구에서 표 한 장만 구매하면 공간 없이 달리는 버스는 곳곳에서 타고 내릴 수 있다. 성수기가 아닌 7월의 시기라지만 관광객의

수는 더할 나위 없이 붐빈다. 우리나라의 4월 상순쯤의 계절로서 연둣빛의 숲들과 간간이 알 수 있는 산나물들을 볼 수 있고 이름 모를 야생 꽃들의 천국이다.

넓고 거리가 먼 이곳은 버스를 타기도 하고 걸어서 다녀야 하는 관광지로서 다리는 무겁고 조금은 힘은 들지만 아름다운 폭포와 비경에 심취되어 힘든 것도 잊을 수 있다. 좌우로 나누어진 코스를 관광하고 세계 관광객들의 단체 식당 코스인 대형식당에 들른다. 그렇게 어마어마한 식당을 보기는 처음이었다. 음식은 그런대로 본토 식사와는 달리 먹을 만은 하다.

오후에 다시 몇 개의 호수와 폭포를 관람한다. 또 한 곳 원주민들이 살아가는 마을을 둘러보고 구채구의 비경들은 가슴 깊이 안는다. 다시 한 번 이곳을 올 기회가 있을까 하는 아쉬움을 남기고 구

채구의 풍경구를 벗어나 발 마사지하는 그곳의 풍습을 맛보다. 직업적으로 젊은 남녀들의 힘 솜씨에 어깨와 발의 피곤함이 단숨에 풀리는 것 같다. 겨우 한국말은 몇 마디씩 하고 알아듣는 그 사람들의 생애가 애처롭기까지 했다.

호텔 숙소에 들어와 함께한 일행들이 한곳에 모인다. 한 일행 부부는 현지 맥주와 수박을 사고 2박 3일의 정을 쌓기도 한다. 처음 보는 부부동반의 일행들은 여행을 자주 하는 분들로 아주 인정이 있고 좋은 분들이다.

다음날 5시에 기상

구채구(주자이거우)의 마지막 식사는 호텔 뷔페에서 하고 상해로 가기 위해 비행기에 몸을 싣는다. 공항으로 가기 위해서는 1시간

40분을 버스로 달려야 한다. 아침 공기는 맑고 주위는 아직 개발이 이루어지고 있는 곳이고, 비포장도로는 현지 버스 기사들의 무례함이 이루 말할 수가 없다. 한 시간 반 운행 중 클랙슨을 울려대는데 불안하기 그지없다. 하지 말라고 하면 통하지 않아 아무 곳에나 내려놓고 가버리는 경우가 있어 비행기 시간에 늦어 당황하는 일도 있다고 한다. 가이드의 에피소드로 이곳의 기사들은 3가지 대학을 나와야 한다고 하는 추월대, 빵빵대, 들이대기대라고 하여 어처구니없이 웃을 수밖에 없다.

가도 가도 끝이 보이질 않을 것 같은 높고 푸른 산들과 넓은 대지는 아시아의 패권국임에는 손색이 없을 것 같다. 우리나라, 그것도 반으로 나누어진 비애를 많이 느낄 수밖에 없는 곳, 구채구의 아름다운 비경을 강원도 깊은 골에다 옮겨 올 수만 있다면 하는 아쉬움을 남기고, 구채구의 멋진 여행은 생활의 활력소가 되었다.

송차식 두 번째 수필집

그날부터

인쇄 2019년 5월 24일
발행 2019년 5월 29일

지은이 송차식
발행인 서정환
펴낸곳 수필과비평사
주소 서울시 종로구 삼일대로 32길 36(익선동 30-6 운현신화타워 빌딩) 305호
전화 (02) 3675-3885, (063) 275-4000 · 0484
팩스 (063) 274-3131
이메일 sina321@hanmail.net essay321@hanmail.net
출판등록 제300-2013-133호
인쇄 · 제본 신아출판사

ISBN 979-11-5933-220-3 03810
값 13,000원

이 도서의 국립중앙도서관 출판예정도서목록(CIP)은 서지정보유통지원시스템 홈페이지(http://seoji.nl.go.kr)와 국가자료공동목록시스템(http://www.nl.go.kr/kolisnet)에서 이용하실 수 있습니다.(CIP제어번호: CIP2019020225)

Printed in KOREA

부산문화재단
BUSAN CULTURAL FOUNDATION

※ 이 책은 2019년 부산광역시, 부산문화재단 지역문화예술 특성화지원사업의 지원을 받았습니다.